ちくま新書

レイシズムとは何か

梁 英聖
Ryang Yong-Song

1528

レイシズムとは何か【目次】

はじめに

†「できるだけたくさんのメキシコ人を撃ちたかった」

「できるだけたくさんのメキシコ人を撃ちたかった」――。二〇一九年八月三日、米南部国境に近いテキサス州エルパソのウォルマートで、メキシコ系移民を狙って銃乱射事件を引き起こした犯人は警察にそう語ったという。[1] その日のうちに二〇名を殺した犯人は二一歳の白人男性だった。彼は白人至上主義者が頻繁にヘイトスピーチ（差別煽動言説）を書き込むインターネット掲示板「8ch」（元々日本の「2ちゃんねる」を真似たもの）に犯行声明を投稿している。それによるとヒスパニック系の移民のほうこそ「テキサス州を侵略」してきた側であり、そして自分の銃撃は侵略への対応策であると公然と主張していた。

いったい若き白人男性に、メキシコ系移民を侵略者だと思わせ、移民をできるだけ多く撃ち殺すことをそれが義挙であるかのように確信させたのは何だったのか。銃乱射事件を夢見るだけでなく、実際に計画させ、犯行声明を書かせ、自宅から一〇〇〇キロの道のりを一〇時間以上かけて車でドライブしてまで実行させたものとは何だったのか――。

その答えこそ、レイシズムである。

レイシズムは単なる差別ではない。レイシズムは最悪の暴力現象を組織する差別だ。

その秘密はレイシズムが一種の「正義」に依拠している点にある。人種差別や暴力を引き起すとき、人は「社会は防衛しなければならない」というレイシズムの正義に衝き動かされているのである。もし「メキシコ人」が米国に「寄生」して社会福祉や職を奪ったり、「侵略」して国家を蝕むのなら、どうしてそのような「敵人種」を積極的に差別して追放してはいけないのだろうか？　そのような「敵人種」などむしろ殺すべきではないか？　いやむしろ殺さない限り「私たち」の社会の安全が保てるはずがないではないか？

エルパソの犯人のように「敵人種」を「できるだけたくさん」殺すようレイシズムに衝き動かされ、世界各地でヘイトクライム（差別を動機とする犯罪）が頻発している。このままでは世界はレイシズムによって社会と民主主義を徹底的に破壊されてしまうだろう。

本書はレイシズム（racism 人種差別／人種主義）が偏見や差別にとどまらず、最悪の暴力に結びつくメカニズムを分析するという課題に、正面から取り組む。これが本書の第一のテーマである。

†日本にレイシズムは存在しない？

ところで読者の中には、次のような疑問を持たれている方もいるのではないだろうか。

「日本にレイシズムは本当にあるのだろうか？」と。

人種差別とは、欧米での黒人差別のような、肌の色が異なる人種の間で起こる差別のことだろう。けれども日本にいる朝鮮人やアイヌや沖縄もみな、日本人と同じ肌色をした黄色人種じゃないか。だから朝鮮人差別、アイヌ差別、沖縄差別があっても、それはあくまでも民族差別であってレイシズムとは言えないんじゃないか……。

疑問にズバリ答えよう。二つの答え方ができる。

最初の答えは「はい、日本にレイシズムはありますよ」である。朝鮮人差別、アイヌ差別、沖縄差別はすべてレイシズムだ。国連人種差別撤廃委員会からそれら差別は全て人種差別だと公認されており、包括的差別禁止法を制定するよう勧告されている。

日本社会に人種差別は存在する。それなのに、見えない。なぜだろうか。

わかりやすい原因の一つは日本政府によって人種差別が隠されていることだ。国内で頻発している人種差別について、日本政府は調査もせず、統計もとっていない。もし交通事故や犯罪が、調査もされず統計も取られない場合、交通事故や犯罪は存在じたいが政府によって隠されてしまう。ちょうどこれと同じことが人種差別では長年にわたり続けられている。これは政府がヘイトクライム統計を公表する米国や英国の場合、政府がレイシズムを隠すことができないことと対照的である。

実はレイシズムは反レイシズムという対抗的な社会規範があってはじめて「見える」ものだ。例えば今年五月のジョージ・フロイド殺害事件を機に米国のみならず全世界に燃え広がったブラック・ライブズ・マター（BLM。「黒人の命を軽くみるな」の意）運動は、警官による暴力はじめ深刻なレイシズムの存在をあらためて社会的に可視化した。逆に日本のように人種差別が頻発していても、ほぼ誰も反対せず批判もしなければ、それは社会の差別的慣習として文化的に固定されるだけで「人種差別」としては決して見えない。

そして第二の答えはこうだ。「はい、あなたの疑問にもレイシズムが隠れています」だ。日本人も朝鮮人も同じ「黄色人種」だということ自体がレイシズムである。

というのも、人種など存在しないからだ。本文で述べる通り生物学では遺伝的な意味で人類をサブカテゴリに区分できる人種は存在しないことが定説となっている。[2]

重要なことは、人種は存在しないが人種差別は存在する、ということだ。人種が存在したうえで人種差別が起こるのでは全く無い。逆に人種差別という実践や慣習があるからありもしない人種がつくられるのだ。これが本書で述べるレイシズムの人種化作用である。

たとえば「肌色」という言葉を考えてみよう。日本で市販されているクレヨンや色鉛筆にも長らく「はだいろ」が使われていた。バンドエイドの場合、未だパッケージに「肌色」と書いて堂々と市販されている。

このような「肌色」というクレヨンやバンドエイドの無批判的な使用は幼稚園や小学校や家庭などで幼少期のうちから、日本社会に暮らす者がみんな同じ「肌色」であるのが「普通」だと教え込む。だからこそ「肌色でない人」が「外国人」として人種化されてしまう。ハイチ出身のアメリカ人の父と日本人の母を持つプロテニスプレーヤーの大坂なおみ選手が話題になるたびに、「日本人ではない」などという人種差別がSNSでもマスコミでも飛び交い、それを疑問にも思えなくなるのは、実はレイシズムのせいなのである。

†「日本人」とは何か？――国民か人種か

このような人種差別は、日本の国技である相撲のニュースにもみられる。二〇一六年に「日本人」の琴奨菊（福岡出身）が優勝した時、あるスポーツ紙は「二〇〇六年初場所の栃東以来、日本出身力士として一〇年ぶりに優勝した」と奇妙な書き方をした。「「日本人」でなく、「日本出身」と表記する」理由を記事は次のように説明した。

〔それは〕二〇一二年夏場所で、旭天鵬（現在は引退して大島親方になっている）が優勝したからだ。／一九九二年にモンゴルから来日した大島親方は二〇〇五年に日本国籍を取得し、翌年に日本人女性と結婚。優勝した時は、日本人だった。／旭天鵬が優勝した日を境に、「栃東以来途絶えている日本人力士の優勝」の「日本人」の部分が、「日本出身」「日本生まれ」「和製」などに変わった。[3]〔強調引用者、「／」は改行表す。以下同〕

もしも「日本人」が国民（＝日本国籍者）を指すのなら日本国籍を取得した旭天鵬が優勝した二〇一二年当時に堂々と「日本人力士の優勝」と称賛してよかったはずだ。しかしそうせずに、わざわざ「日本出身」「日本生まれ」「和製」という表現を使ってまで「日本人＝日系日本人」の優勝を待望した。つまり人種としての「日本人」を礼賛したのだ。同じ記事によると旭天鵬優勝直後、「久々に日本人が優勝するチャンスだったのに、なんてことするんだ」という手紙が、所属していた友綱部屋に三通も届いていたというが、これも人種差別だ。実は先の「大坂なおみは日本人ではない」というレイシズムが出てくるのも、「日本人」＝「(純) 日系日本人」という等式が社会慣習に、しかも意識されないほど根深く成立しているからこそだ。

ここではベネディクト・アンダーソンがいう「想像の共同体」としての「ネイション(国民) か否か」を選別するナショナリズムが、「日系か否か」を選別するレイシズムと節合 (異なるものの結びつき) している。しかも前者ナショナリズムの形式が、後者レイシズムの内容を覆い隠しているのだ。

これは偶然ではない。フランスの哲学者エティエンヌ・バリバールが指摘する通り、近代のナショナリズムとレイシズムは互いにとって不可欠な支えなのである。詳しくは第七章で論じる。

このナショナリズムとレイシズムの節合を分析することが本書の第二のテーマである。

†ナショナリズムとレイシズムを切り離す——反レイシズムの可能性

大坂なおみや旭天鵬が「日本人（国民）内部のマイノリティ」ではなく、直接に「外国人」とされてしまうのは、「日本人＝日系日本人」という国民＝人種の強固な癒着があるからだ。その原因はどこにあるのか？

ここでもし「日本人がレイシスト（人種差別主義者）だからだ」と言う人がいるなら、私はそれに断固反対する——このような決めつけはそれこそレイシズムであろう。問題は差別より反差別にある。日本には差別と闘う社会規範がないのだ。それは「反差別」や「差別に反対する」という言葉の意味にも表われる。次の二つの説明のうち、どちらに賛同できるだろうか。

①反差別とは被害者の権利を守ることだ。当事者に寄り添うのが反差別だ。
②反差別とは加害者の差別を止めることだ。差別行為を禁止するのが反差別だ。

多くの人は①に賛成できても、②に賛成するのにはためらいがあるのではないか？

欧米では①と②は反差別の両輪だ。特に②の差別行為の禁止は①の被害者の権利回復の必要条件となるから当然だ（たとえばセクハラが起きた職場を考えてみてほしい）。反レイシズムが社会正義として加害者の差別する自由を否定するからこそ、社会防衛を掲げるレイシズムの正義にはじめて対抗しうる。

だが日本にはそのような反レイシズム規範がない。日本の反差別は②の差別行為の禁止がないまま①被害者に寄り添おうとする。加害者の差別する自由を守る限りでしか、差別される被害者の人権を守ろうとしない日本の反差別こそ、日本で反レイシズム規範形成を妨げ、日本人＝日系日本人という国民＝人種の癒着を切り離せない元凶である。これを日本型反差別と呼んでおこう。

本書は右の日本型反差別から脱却し、差別する権利・自由を否定する反レイシズム規範を日本社会でどのように打ち立てたらよいかという課題と向き合うための基礎となるレイシズムの入門書をめざした。反レイシズムによってナショナリズムとレイシズムを切り離すこと。これが本書の第三のテーマである。

†レイシズムとは何か

レイシズムとは何か。これに答えるのは簡単とも言えるし、非常に困難だとも言える。レイシズムとは「人種差別」や「人種主義」と訳される。

簡単に答えられるのは前者の人種差別という意味でのレイシズムの定義である。ファシズム防止の大原則のうえに成立した戦後国際社会では世界人権宣言や人種差別撤廃条約などの国際人権法で、人種差別を明確に定義し、各国の市民社会がそれと闘うことを義務とした。人種差別撤廃条約では「人種差別」racial discrimination を人種にまつわるグループへの不平等な効果をもつものとした（第一条。第二章参照）。たとえば黒人差別やユダヤ人差別やアジア系差別などが典型例である。

本書もこの国際人権規範にならってレイシズムを右の人種差別を指すものとして用いよう（人種差別としてのレイシズム、あるいは狭義のレイシズムとしておこう）。

問題は人種主義と訳される際の、人種差別を引き起す原因としてのレイシズムとは何なのか、である。半世紀以上、世界中の人文社会科学が苦闘し、議論を続けているが、「うまい答え」は未だ見つかっていない。わかりやすく「レイシズムとは何か」に答えること自体にワナがある。この問いにはまだ答えず、本書全体を通して答えていくことにする。

そうは言っても、読み進める上で手がかりとなる簡単な定義がなければ、この本も読んでもらえないだろう。ここでレイシズムを次のように定義しておきたい。

本書はレイシズムを、人種差別を引き起すチカラのこととしておく。人種差別という行為を可能にする権力関係として本書はレイシズムを定義する（人種主義としてのレイシズム、あるいは広義のレイシズムとする）。レイシズムはありもしない人種をつくりあげ人間を分断する人種化を行う。人口にとっての生物学的危険として劣等人種をつくりあげ、社会防衛を掲げてその人種を排除し、最終的には殺そうとする。短く言えばこうなる。

レイシズムとは、人種化して、殺す（死なせる）、権力である。

†本書の構成

右のレイシズムの定義は『監獄の誕生』や『知への意志』などで近代の資本主義社会から登場した人間を従属させる特殊な権力のあり方を分析した、フランスの哲学者ミシェル・フーコーの議論に大きく依拠している。「レイシズムとは何か」という問いへの本書なりの答えはフーコーの議論を紹介する第二章で詳しく述べることにする。その準備として第一章では近代のレイシズムの歴史を駆け足でおさえる。

レイシズムの概念規定を終えた後は、第三章と第四章とで、人種差別が暴力に結びつくメカニズムを、差別アクセル(第三章)と反差別ブレーキ(第四章)の対抗関係から分析する方法を身につけよう。その上で第五章と第六章では、在日コリアンへのレイシズムを題材にして日本のレイシズムをその特殊性に焦点を当てて分析する。

そして結論の第七章では、レイシズムとナショナリズムの関係、レイシズムがセクシズムはじめ他のあらゆる差別・抑圧と不可分に絡み合っているインターセクショナリティの問題に加え、資本主義とレイシズムの関係を考察する。未曾有の気候危機や新型コロナウイルスの世界的流行に直面する今日、資本主義と闘うラディカルな反レイシズム闘争であるブラック・ライブズ・マター運動の実践的意義について分析した。

本書は主に在日コリアンに向けられた差別を題材としているものの、できるかぎり普遍的にレイシズムを分析するよう心掛けた。日本の反レイシズム闘争はグローバルな反レイシズム運動から学び、連帯しなければならないと考えたためだ。それができなければ、日本のレイシズムによる社会と民主主義の破壊を食い止めることはできないだろう。

※おことわり

一、本書は差別の実態を紹介する必要から、差別表現をそのまま引用・掲載した箇所がある。

一、人物名については原則として敬称略とする。

一、出典や参考について重要なものは注で示したがその他は巻末の主要参考文献によった。

一、本書では朝鮮民族の総称として「朝鮮」あるいは「コリア」を用いる。しかし「韓国」ないし「韓」を用いる立場を否定するものではない。日本に在住する朝鮮半島にルーツを持つ人々を指す言葉としては、原則として「在日コリアン」を用いる。ダブル（いわゆる「ハーフ」）等ルーツを複数もつ人々も当然含む。

一、本書では朝鮮半島の南北に分断された国家および政府である「朝鮮民主主義人民共和国」／「大韓民国」の略称としては「北朝鮮」／「韓国」を用いる。

一、本書はレイシズムについてできる限り普遍性のある分析を行うことを目指したが、具体例は在日コリアンへの差別現象を主としている。「差別」というときも基本的には在日コリアンへの差別を念頭においていることを了承されたい。

第一章 レイシズムの歴史——博物学から科学的レイシズムへ

レイシズムはいつ生まれたのか。起源に関しては大きくは二つの立場がある。レイシズムが近代に誕生したと考える立場と、古代や中世からみられる異邦人嫌悪《ゼノフォビア》などとレイシズムを連続していると考える立場だ。[1]

だが両者とも、今日のレイシズムが近代の資本主義社会と深く結びついているということに共通の了解がある。本書もこれにならってレイシズムを近代の産物として分析する。

レイシズムが近代の産物であるわかりやすい理由の一つは、そもそも人種じたいが近代の産物であるという厳然たる事実である。前近代の差別は「人種」とは結びつかなかった。

†前近代にレイシズムはあったのか?

古代ギリシャには奴隷制が存在した。奴隷は「ものを言う道具」と扱われ、主人の所有物であった。古代で奴隷は植民地とともに、都市国家ポリスどうしの戦争の戦利品として不可欠なものではあった。

だが古代では奴隷も植民地も人種とは結びつかなかった。アリストテレスは『政治学』で奴隷を「人間でありながら、その自然によって自分自身に属するのではなく、他人に属するところの者」として正当化したものの、それは人種や肌の色とは無関係だった。アテネでは奴隷と女性が排除されていたもののポリスの民主政に平民も貴族と平等に参加できたし、肌の色や人種も差別には結びつかなかった。

また中世ヨーロッパには反ユダヤ主義[2]があり、ユダヤ教徒は「ゲットー」に居住を制限され差別された。だがそれはあくまでも聖書がユダヤ教を「神殺し」の異教とするキリスト教に基づいた差別であって、血統や人種に基づく「ユダヤ人」に対する近代以後のレイシズムとは異なっていた。今日のスペインのあるイベリア半島など、中世ヨーロッパではユダヤ教とキリスト教とイスラム教とが共存していた地域もたくさんあった。

中世ヨーロッパの封建社会でキリスト教はユダヤ教徒には就業・居住を制限するとともに、キリスト教徒には禁じた金融業を特権的に認めてきた。これにより莫大な戦費調達に迫られた貴族・君主の必要を満たすとともに、民衆による高利貸しへの憎悪をユダヤ教に向けることを可能にした。

それに人間がアダムとイブから生まれたと教えるキリスト教にとって、人間が複数の「人種」に分かれるという近代的なレイシズムの人種理論の考えは、相容れなかった。

†近代世界システムの成立とレイシズム

近代のはじまりには諸説あるが、よく挙げられるのが一四九二年である。コロンブスがアメリカ大陸を「発見」したことで知られる年だ。

だがこの「新大陸発見」はヨーロッパからみた視点だ。アメリカの先住民の側からみるとそれは「発見」ではなく、「侵略」にほかならなかった。

スペイン人たちは、創造主によって先記のさまざまな素晴らしい性質を授かったこれら従順な羊の群れ〔インディオ〕に出会うや、まるで何日も獲物にありつけず、飢えて猛り狂った虎狼やライオンのように、彼らに襲いかかった。スペイン人が四〇年前から今に至るまで、そして、今日現在もなお、行いつづけているのは、かつて人が見たことも、本で読んだこともなければ、話に聞いたこともない残虐きわまりない手口を新しく次々と考え出して、ひたすらインディオを斬りきざみ、殺害し、苦しめ、拷問し、破滅へと追いやることなのである。例えば、われわれがはじめてエスパニョーラ島に上陸した時〔一五〇二年〕、島には約三〇〇万のインディオが暮らしていたが、今ではわずか二〇〇人しか生き残っていない有様である。[3]

当時コロンブスの航海に同行し、ラテンアメリカでカトリックの宣教に尽力したスペインの宣教師ラス・カサスは現地でコロン（植民者）による先住民への虐殺・拷問・奴隷化・レイプなど数々の暴虐を直接目の当たりにし、衝撃を受けた。スペイン人の暴虐が神の意志に反すると考え、その実態をスペイン王に報告し現地での虐待を止めさせるために奔走した彼が書き残したのが右記の『インディアスの破壊についての簡潔な報告』である。

一体スペイン人たちはどうしてこのような、目を覆うべきジェノサイドや侵略をやってのけたのだろうか。ラス・カサスは次のように記している。

キリスト教徒があれだけ大勢の人びとを殺め、無数の魂を破滅させるに至った原因はただひとつ、彼らが金を手に入れることを最終目的と考え、できる限り短時日で財を築き、身分不相応な高い地位に就こうとしたことにある。

金を、それもできるだけ多く、短時間で手に入れること。ただそれだけのために、何十万何百万もの先住民を強制労働させ、虐殺し、土地と自然を奪い、破壊すること。今日私たちの生きる近代はおよそ五〇〇年前、このように幕を開けた。

人間の暮らしや自然を考慮することなく、あくまでも利潤（剰余価値）獲得を目的としてモノ（使用価値）を生産する資本主義というシステムは、人類史上初めて当時ヨーロッパに誕生した。この資本主義システムは大航海時代から世界的膨張を開始し、アジア、アフリカ、アメリカ大陸の先々で、植民地化や黒人奴隷制などによって、先のラス・カサスが記録したような強制労働やジェノサイドを繰り返した。

今日の米国での黒人差別はかつての黒人奴隷制と、日本での朝鮮人差別はかつてのアジア侵略や植民地支配と結びついている。今日のレイシズムは、大航海時代以後の近代の地球規模に拡張された資本主義システムと連動している。イマニュエル・ウォーラーステインはレイシズムを、グローバルな資本主義世界システムにとって周辺から中心へと富が収奪されるシステムが不可欠とする、人種やエスニシティによる労働力の差別化と関連付ける。

人種差別〔racism〕とは、資本主義というひとつの経済構造のなかで、労働者のいろいろな集団が、相互に関係をもたざるをえなくなってゆく場合の、その関係のあり方そのもののことであった。要するに人種差別とは、労働者の階層化ときわめて不公平な分配とを正当化するためのイデオロギー装置であった。[4]

レイシズムをイデオロギーとしてのみみるウォーラーステインの議論には問題があるものの、グローバルな資本主義による不平等な労働力編成とそれを正当化する機能にレイシズムが結びついていることは間違いない。人種をつくりだして人間を不平等に扱うレイシズムは、植民地という「周辺」からヨーロッパの「中心」へと富を収奪する不平等な資本主義世界システムと連動している。このことは以後の議論の前提となる極めて重要な事実だ。

とはいえこの時代はまだ、レイシズムが近代的な人種理論を形成してきたわけではない。「人種」をつくりだして差別する科学理論の登場はおよそ三〇〇年待たねばならない。ラス・カサスの時代、「インディオ」は劣等な「人種」ゆえに殺されたのではなかった。当時問題にされたのは「インディオ」がキリスト教徒になれるだけの理性があるか否かだった。スペイン人による植民の正否も、キリスト教の教えに反するか否かだった。

†レイシズムのプロトタイプ

しかしながら前近代に起源をもつ差別が、近代的なレイシズムに変化する大きな起点となった法制度が、一六世紀の異端審問期のスペインでつくられていく。一四九二年、スペインでレコンキスタの完了（八世紀以来イベリア半島に勢力をもっていたイスラム勢力をキリスト教徒が駆逐する運動が同年グラナダ陥落によって完了）とともに、ユダヤ教徒も追放された。だが多くのユダヤ教徒は追放の代わりにキリスト教の洗礼を受けることを選び、結果として五〇万ほどの改宗者《コンヴェルソ》をスペインは抱える。

だが以前のように改宗者は受け入れられなかった。ジョージ・フレドリクソンによると「ユダヤ教徒はその血の不浄さのゆえに真に改宗することができないと信じるキリスト教徒がいたために、改宗者は特別視され、差別された」[5]のだった。以後「リムピエザ・デ・サングレ（血の浄化）のもとで、改宗者は、宗教的である以上に人種的だと思われるやり方で差別され」ることとなった。一六世紀になると「無数の機関や地方組織が純血法を制定」し、一五四七年には「この排他的純血法をすべての教会機構に適用」した。さらに重要なことに新大陸への植民は当初から、宣教やコンキスタドーレ（征服者）になれるのは「純粋なキリスト教徒の家系にあるものだけ」とされた。

これは中世のユダヤ教徒への差別が近代的な人種化するレイシズムへと変容する画期となった。スペインの実践は「中世の宗教的不寛容を近代的な博物学的な人種主義へと接木するある種の役割を果たした」のである。

また同じように北米でも一七世紀後半に奴隷制と結びついた近代的なレイシズムが法制化されてゆく。オードリー・スメドリーは一七世紀の英国植民地では奴隷制があったものの、年期奉公制度による白人の奴隷も多く、黒人にも自由人や奴隷主もおり、貧困な労働者のあいだでは黒人白人間の婚姻も行われていたと指摘している[6]。

だが一七世紀末までに北米英国植民地では土地を独占する少数の旧入植者と多数の労働者との間での階級闘争が発展し、一六七六年のナサニエル・ベーコンの叛乱を招いた。人口約四万のうち白人・黒人・ムラート・ネイティブら八〇〇〇名が団結して立ち上がった。

植民地指導層はこの危機に対応を迫られ、労働者の連帯を分断する統治術を案出する必要があった。さらにネイティブアメリカンの人口はヨーロッパ人が持ち込んだ疫病でどんどん減ってゆき過酷な労働に向かなかった。加えてアイルランド人年期奉公人も強力に反抗するうえカトリックだったので異教徒扱いすることが困難であった。結果、アフリカから大量に移入することができる、農業生産の豊富な知識を持ち、異教徒として差別可能な黒人奴隷の大々的な使用が選ばれた。一六八二年の一法令は「非キリスト教徒」のすべての奉公人を奴隷にした(つまりネイティブとアフリカからの移入者=黒人)。

このようにして黒人の「奴隷が改宗しても解放されないことが一連の法で明確にされた」とフレドリクソンは指摘する。注意すべきは黒人がいきなり肌の色や人種によって差別されたのではなく、「奴隷になるのは異教徒であるからではなく、異教徒を祖先に持つことによるとされた」点だ。「この法制化はリムピエザ・デ・サングレ(血の浄化)と同様の人種的な機能を密かに果たすことになった」という。

このようにしてユダヤ人差別も黒人差別も、一六、一七世紀を通じて宗教による中世的な差別から、徐々に近代的なレイシズムへと変ってゆく。だが当時はまだ直接肌の色や「人種」が用いられたわけではなく、あくまでも「祖先」が異教徒だったことを根拠とするものであった。その背景として強力な平等を求める力が作用しなかったことがあげられるだろう。「出自に基づく社会的不平等が、ヨーロッパ人自身にも一般原則であったとき、肌の色に基づく人種主義が自律的に発展する余地はほとんどなかった」（フレドリクソン）。

ありもしない生物学的「人種」をつくりだし、人種ごとの生物学的・身体的特徴を明らかにする人種理論が科学として体系化されてゆくには一九世紀を待たねばならない。

†「人種」の発見

「人種」はヨーロッパでつくられた。『歴史のなかの人種』によると「人種」という言葉が西ヨーロッパの各言語に登場したのは一五世紀ごろからだ。最も古いのはイタリア語razza、スペイン語razaで、これらの言葉は「植物や人間以外の動物を種別化するさいに使われることが多かった」[7]。

英語のraceは一七世紀ごろには「人間の集団をも意味するようになり、nationやpeopleといった言葉と同義になる」。the English raceはEnglish peopleと同じ意味だった。

重要なことはraceという言葉が今日と同じ生物学的な意味合いを持っていなかったということだ。肌の色などといった（生物学的な）特徴は人種と結びついていない。

だが「それが一八世紀に入ると、raceは徐々に身体的特徴によって分類された人間のグループを記述するときに使われるようになった」のだ。そして一九世紀からはraceは生物学的な「ヒトという種」の下位区分という意味をもちはじめる。

†啓蒙主義と人種、リンネの博物学

「人種」という種類を科学に持ち込んだのは二名法で有名なスウェーデンの博物学者カール・フォン・リンネだった。『自然の体系』は自然を動物・植物・鉱物の三界に分け、それぞれ綱・目・属・種に分類して整理したが、この分類法は今日もつかわれている。リンネはこの自然の中に人間をヒトという種として、「ホモ・サピエンス」として分類したのだが、リンネはこのヒトを四つに分類したのだ。

その分類は肌や髪の色などの身体的特徴だけではなかった。『人間の測りまちがい』によると「ホモ・サピエンス・アファエル（アフリカの黒人）は「気まぐれに支配され」、ホモ・サピエンス・エウロパエスは「慣習に支配される」」。アフリカの女性は「女性は恥を知らず、乳房は豊かに乳を出す」と書き、さらに「男性は怠けもので、油をぬりたくると」も述べている[8]」。

このようなリンネの博物学はスウェーデン王室の重商主義戦略と結びついていた。世界システム成立以後一五〇年ほどでヨーロッパで既知の植物種は急増した。当時博物学はとくに植物学は現代の遺伝子工学のような、最先端の科学であり最も収益の高いビジネスと連動していた。たとえばマラリアの特効薬であるキニーネや、各種の香辛料など、植物はそれじたい極めて高価な使用価値があるとされ重宝された。

ただしリンネは人間を一つの種として分類し、四つの分類は近代的な意味での「人種」raceではなかった。確かに非ヨーロッパ人への偏見はあるにせよ、当時の地理学で地球が四つに分けられていたところに人間を当てはめたに過ぎなかった。

より序列化された分類をつくったのがドイツ医学の祖と称されるヨハン・F・ブルーメンバッハである。彼はリンネの四分類から離れ、マレー人を加えた五分類を主張した。それぞれコーカソイド、モンゴロイド、アメリカ・インディアン、エチオピアン、そしてマレーである。実はブルーメンバッハの五分類は今日でも生きており、一般用語から行政(米国の国勢調査〔センサス〕での人種カテゴリ)さらには人類学や医学でも使われている。

ブルーメンバッハは聖書の創世記を信じており五集団を「『神の理想像』という中心を持つ幾何学的な図式として配置」した(『歴史のなかの人種』)。「すべての生理学的原理において、白色人種はこれらの五つの主な人種の基本型または中間型と考えられるべきである」[9]。つまり人類はもともと白人であり、そこから分かれたのが他の人種だとされた。

ここには明確な価値における序列がある。白人が「神の理想」であり、そこから離れるほど退歩し、モンゴロイドとエチオピアン（アフリカの黒人）が最も「神の理想」から遠いとされた。

そのためブルーメンバッハは「マレー人」を「発見」したのではなく、彼のつくりあげた序列化を正当化するために、コーカソイドとエチオピアンの中間の「人種」をつくったと考えられている。だが彼はこの体系を「自然の真理」に沿っていると考えた。

しかし人間の分類を聖書の伝説や、頭蓋骨の形状とそして美的基準によって行い、人間をヨーロッパを中心に序列化したとはいえ、ブルーメンバッハは人間が一つの種であることを信じており五集団を「人種」ではなくあくまでも「変異」としていた。

だから注意すべきはこの啓蒙主義の時代のレイシズムは、確かにアメリカの先住民や黒人を劣等視しているものの、それは生物学や「人種」と明確に結びついた科学的人種理論に依拠していたわけではなかったのだ。

一例を挙げよう。経験論哲学で有名なデヴィッド・ヒュームは当時、キリスト教がいう人類単一起源説に反して「非白色人種が生得的に劣っている」ことを唱えていた。

> 私は黒人や一般に他のすべての人間の種（4〜5の違った種類がみられる）が白人にくらべて、もともと劣っていると思いたくなる。白人以外で文明化した国は決してみられないし、行動においても、想像面においても、個人的に卓越したものはみられない。彼らの中にはすぐれた手工業も、芸術も、科学もみられない……もし、これら人間の種の中に自然が初めから区別をもうけなかったとしたら、こうした一定の、恒常的な差異が、それほど多くの国や時代に起こりえたであろうか。我々の植民地はともかく、ヨーロッパ中に黒人の奴隷は広がっており、その中で発明の才の徴候が発見された例はいまだかつてない。[10]

酷い偏見である。だが注意深く読んでいると非白人の劣等視はまだ科学的な人種理論に結びついていない。一七六六年に英国の植民地局の幹事を務めるなど植民地に利害を有したヒュームの偏見はただ、資本蓄積のため当時アメリカ植民地での奴隷制による過酷な労働を黒人に押し付けることを「文明」の論理で正当化しているだけだ。

重要なことは差別が「自然」によって正当化されはじめたということだ。資本主義社会になってはじめて「社会」と「自然」を分けたうえで、「自然」によって差別を正当化するという近代的な差別が生み出されたのである。

このように基本的には地球の地理学の区分に沿った「人種」の分類は、まだ文明や美的な規準で序列化したものに過ぎなかった。しかし一九世紀になると人種はサルから人間へという、下等な生物から高等な生物への進化の発展段階と結びつけられる。「黒人」はじめ有色人種は「ヒトという種」でありながらも、サルと人間（白人）の中間段階に位置する下等な亜種として位置づけられる。

†科学的レイシズム

一九世紀ヨーロッパに大きな影響を与えた人種理論にフランスの作家ゴビノーの『人種の不平等』（一八五三年〜五五年）がある。彼はトクヴィルの助手をつとめたのち外交官としてドイツ大使在職中に同著を書いた。それは文明の衰退の原因を調べ、次のような結論を得た。「文明は他民族の征服によって生じる。しかも、文明は他民族との人種混交・混血によっても生じるが、他方で、征服者として支配的地位につき、被支配民族の劣等民族と交わり続けると、いずれは自らも能力的に低下する。過剰な異種交配こそ退廃の最大原因である」と。[11]『エスニシティの政治社会学』によるとゴビノーは各人種について次のように述べた。

黒人―最低の変種で最も知能が劣っている。

黄色人―黄色人は黒人と違って欲求が弱く、あらゆる点で凡庸、実用性を好み、秩序を重んじる。一言でいえば実際家。

白人―精密さには欠けるが、それは多分「美しきものは容易に要約されがたい」からであろう。白人の行動の主要な動機は名誉心である。生まれつき明敏で強力な知性をもつ。そして他民族を支配してきたが、これは文明化能力のないものに対する白人の文明伝達能力の先天的な優越性の賜物である。[12]

ここで人種は完全に本質的な能力と結びつけられ、かつ白人のみが文明を発展させる能力があるとされた。ゴビノーの理論はいかに非科学的であろうと、当時の植民地支配や他民族支配を正当化するのに好都合だったこともあり、ヨーロッパで多大な影響を及ぼした。ゴビノーの『人種の不平等』は一八五六年に米国で翻訳され、黒人奴隷制の擁護に大いに役立てられた。その紹介者の一人が、南部アラバマ州の医師で、一八四〇年代から奴隷制を擁護する活動を精力的に展開したジョサイア・ノットだ。彼は英国人のジョージ・グリドンと『人間の種類』を刊行し、各人種の特徴と差異の永久不変を主張した。これは大反響をよび世紀末まで一〇回も版を重ねたという。

†頭蓋や知能の測定

一九世紀の人種理論は単に帝国主義や黒人奴隷制を支えただけではなかった。頭蓋骨や知能を「測定」する規準を提示し、劣った人種と優れた人種とに人間を分類するモノサシ機能を付与することになった。頭蓋骨の形で人種や能力を分析する骨相学や、脳の容量と知能を結びつけ人種や性ごとに特徴づける頭蓋測定学が科学として隆盛を極めた。

そのような一九世紀の人種理論で用いられた絵や図表をみてみよう（図表1）。頭の形を他の下等な動物と比較して、人種の優劣を示そうとしていた。

たとえば米国の医師サミュエル・ジョージ・モートンはあらゆる頭蓋骨を収集し大脳の容量を調査して、白人と黒人とでは脳のサイズが異なる（当然白人が大きい！）ことから黒人の知能は劣っていることを証明しようとした。だが後にデータを詳細に検証し直したグールドによると、彼は先入観によって人種別に頭蓋骨の測定のやり方を変えていた。

より大々的に頭蓋骨をあらゆる地域・人種からかき集めてデータをとったのがフランスの科学者ポール・ブロカである。頭蓋計測学の大家として次のように百科事典に書いた。「顎の突き出た顔、黒ずんだ皮膚、縮毛、知的および社会的劣等性はしばしば相伴って現われる。いっぽう、白っぽい皮膚、直毛、垂直な顔は人類の最も高等なグループの通常の資質である」。「黒い皮膚、縮毛、顎の突き出た顔をもつグループは、かつて自力で文明を起こすことはなかった」[13]。レイシズムが否定されている今日からみれば異様な記述ではある。だがブロカはフランス人類学会を立ち上げた当時一流の科学者なのである。

今日ではデタラメだと否定されている生物学的レイシズムは純粋な科学理論に留まるだけでなく、実際に一九世紀国民国家形成時には、教育や入国管理や犯罪捜査などに積極的に応用されてきた。

たとえばウソ発見器（ポリグラフ）の開発などで知られる、イタリアの精神科医で犯罪人類学の祖であるチェーザレ・ロンブローゾは、犯罪者や「売春婦」は生まれつきの遺伝によるものと主張した。彼は頭蓋骨の形状や足の指の形や入れ墨の有無や人相まで、あらゆる身体的特徴を犯罪と結びつけただけではなく、有色人種・女性・貧民階級を犯罪と結

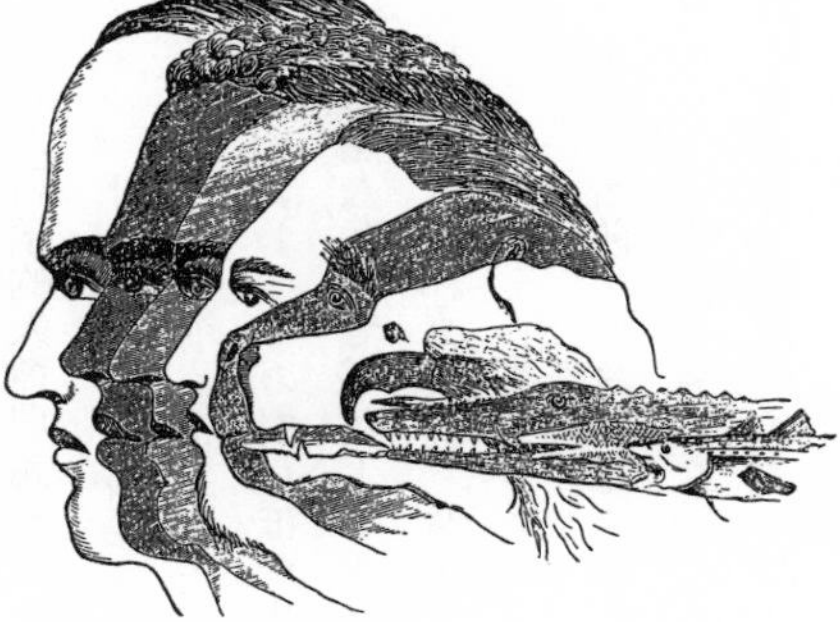

R. Dexter による「顔面角」

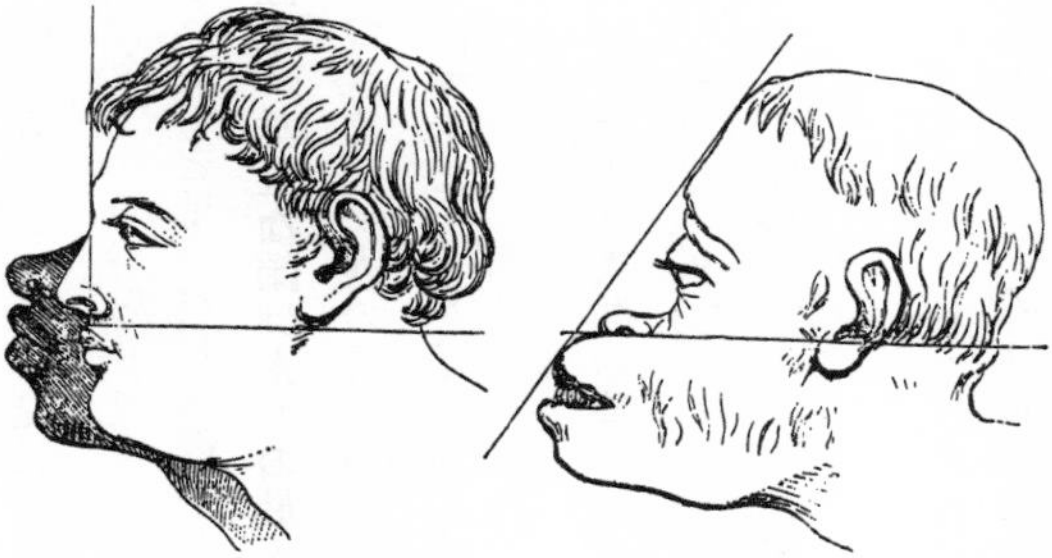

R. Knox『人種』に描かれた黒人、ヨーロッパ人、オランウータンの横顔

図表1　19世紀の人種理論で用いられた絵や図表

出典：米本昌平『遺伝管理社会』弘文堂

びつけた。

当時の科学的人種理論も、英国で臀部の大きさや裸を見世物にされたアフリカの「ホッテントット〔現南アのコイコイ人の蔑称〕のヴィーナス」と、欧州の「売春婦」とに共通の身体的特徴（臀部が特異的に大きく出ている）を見いだし病理学的異常を探ったという。[14]「ホッテントットのヴィーナス」と称された人物はいまの南アフリカのコイコイ人（族）出身の黒人女性で、ケープタウン近郊のオランダ人の農場の奴隷だったところ、金持ちになれると言われ渡英し、サラ・バールトマンという英語の名前を付けられて見世物にされた後、一八一五年パリで死亡した。

本当の名前をいまや誰も知らない彼女はサルと人間の境界にいる生きたサンプルとしてヨーロッパ中で有名になったのである。それは「ホッテントット族」は単に黒人であっただけでなく、臀部に多くの脂肪がたまる「脂肪臀症」の女性患者が多く、しかも女性器が特別に肥大していると信じられていたからだった。[15]

人種と性の両面から観衆の好奇の目にさらされた彼女は死後も差別された。遺体は当時「現代のアリストテレス」と高く評価されたフランスの生物学者ジョルジュ・キュビエの手によって公開解剖に付され、その全身は骨格標本となり、女性器と脳はホルマリン漬け標本にされ、パリの人類博物館で公開展示されたのである。サラ・バールトマンの遺体の公開がようやくとりやめられたのは、一九七二年にフランスで反レイシズムの差別禁止法が成立した後だった。そこで彼女の遺体はポール・ブロカの脳と同じ倉庫に保管されることになった。[16]

人種科学が関心を寄せたのは、白人男性科学者の場合は脳であり、黒人女性の場合は性器であった。これらのエピソードは近代のレイシズムがセクシズム（性差別主義）と根本において絡み合っていることを教えてくれる。レイシズムとセクシズムの絡み合い（インターセクショナリティ）については第七章で再度取り上げる。

†社会ダーウィニズムとナチズム

レイシズムはこのように科学理論として、生物学的な人種の存在と、その特徴を「証明」した。そして人種ごとの見分け方、区別の仕方のモノサシとして機能した。このようなレイシズムの最盛期は、一九世紀末の社会ダーウィニズムの登場によって訪れる。

周知の通りチャールズ・ダーウィンは一八五九年に『種の起源』で、生物はキリスト教が教えるように不変ではなく、自然淘汰によって変化するという進化論を発表した。ダーウィン自身は『ビーグル号航海記』のなかでアメリカ大陸で目撃した黒人奴隷制の残酷さに憤慨し明確に奴隷制に反対しており、進化論を社会に応用して差別に結びつける考えはなかった。[17]

だが一九世紀末に英国のハーバート・スペンサーはダーウィンの進化論を社会に適用し、自然淘汰を社会の不平等の正当化や、社会の発展と結びつけたのである。それは「ある人種が競争により不純な種を排除することで種が維持されると言う人種の固定性を強調した」。[18]スペンサーだけでなく、ダーウィンの従兄弟フランシス・ゴルトンは一八八三年、ギリシャ語の「よい種」を意味する語からつくった「優生学」を提唱する。一九〇四年の第一回英国社会学会でゴルトンは「優生学――その定義、展望、目的」という講演を行い、「ある人種の生得的質の改善に影響を及ぼすすべての要因を扱う学問であり、またその生得的質を最善の状態に導こうとする学問」[19]とした。同会にはバートランド・ラッセルやバーナード・ショーやケインズといった当時の著名な知識人が参加し、ゴルトンに必ずしも賛成しなかったが優生学を議論した。

社会ダーウィニズムによって、進化論の形式で社会を考える、社会の危険から社会を防衛するための理論としてレイシズムが活性化しはじめる。その本当の危険性は一九三三年にナチがドイツの政権を取り、断種法やニュルンベルク法を制定しついにはホロコーストを引き起こしたことで明らかとなった。

しかしナチが自らの人種理論とレイシズム政策を練り上げる際、最も参考にしたのは二〇世紀の米国であった。もともとプラグマティズムの伝統が強かった米国は、ここで紹介した優生学を最も徹底的に実施していた。南北戦争後もジムクロウ法という形で人種隔離を合法化してきた米国では、一九三一年までに三〇州で断種法が制定され、約一万二〇〇〇件の断種が行われていた。[20]

米国はネイション（国民）の内部でもレイシズム政策を行うだけでなく、外部に対しても国籍と入管政策で露骨な人種差別を実施した。心理学が科学であることを示したがっていたR・ヤーキーズは、IQテストで人間の知能を数量化して測定することに熱心であった。彼は陸軍を説得し一七五万の兵士にIQテストを実施し、大量のデータから新移民ほど点数が低い（知能が低い！）と結論づけた。しかし、じつはIQテストの内容が実際には米国生活の常識を問うものであり、新移民ほど点数が低くなる傾向があったのは当然だった。一九一〇年代の米国では東欧からの新移民が差別され、またロシア革命後は共産主義の脅威が喧伝されてきた。米国の常識を問うにすぎないIQテストは、数値化と大量データの統計処理というフィルターを通すことで、人間の知能を測る科学的測定法とされ、米国の社会学で普及した。

このヤーキーズのテスト結果をもとに議会で移民制限を訴えたのがローリンであった。彼は生物学者として「アメリカの経済政策は、国家全体の将来の基盤である人種を守るための、生物学的政策に道を開けなくてはならない」と一九二二年連邦議会で述べたのだ。

このような経緯を経て一九二四年にレイシズムに基づいた絶対移民制限法（日本では排日移民法と言われる）が成立する。これは第一に、新移民を国籍別に区別し、一八九〇年国勢調査（センサス）の人口構成比の二パーセント以内に移民を制限する（懸念されていた東欧・南欧からの移民は事実上不可能になった）。第二に、アジアからの移民は全面入国禁止となり、米国の移民法は国籍法も兼ねているため、なんとアジア系は国籍取得を禁じられたのである。第三に西半球からの移民は制限しない（これによりメキシコ移民からの労働力移入は確保）[21]。

もともとIQテストはフランスの心理学者ビネーが学校教育で特別の補佐が必要な児童を判別するために開発したものであり、ビネーはこのテストが知能測定と差別に使われることに強く反対していた。だがIQテストは海を越えて米国で人間の知能測定法に歪曲され、レイシズムの人種化の道具とされ、遂には移民政策の武器となったのである。

この米国のレイシズム政策を高く評価したのがヒトラーだった。『我が闘争』で彼はこのように書いている。

これを見れば、現在広範囲にわたり、部分的には信じられないくらい勇敢な工夫がなされている国はアメリカ合衆国である。これは偶然ではない。戦争と移住によってとめどなく計り知れないその最良の血を失ってしまった古いヨーロッパにアメリカが、今や人種的に選ばれた若い民族として対立しているのである。……危険が特に大きくなったのは、われわれがまったく関心を払っていない間に、アメリカ合衆国自身が、自国の民族研究者の所論に刺激されて、移住に特別な規準を設定して以来である。アメリカへの入国は一方では個人自身の特定の人種上の条件と特定の身体的健康条件に依存しているが、ヨーロッパへの最も優れた人たちの流出によるヨーロッパの疲弊はまさに法的必然性をもって規定されていたのである。[22]

『移民国家アメリカの歴史』によるとナチの人種政策は米国の断種法や人種間結婚禁止法

体系などを参考にしていることがわかっている。

世界を第二次世界大戦に引きずり込み、ホロコーストを引き起こしたドイツのナチズムが、ユダヤ人排斥を訴えた人種理論を強力に主張してきたことはよく知られている。「国民社会主義ドイツ労働者党」（「ナチNazi」とはこの正式名称の略称で、ユダヤ人排斥を訴える同党を批判する者が付けた蔑称である）の政治綱領をまとめた一九二〇年二月四日の「二五箇条綱領」には既にレイシズムが明記されている。第四条にはハッキリと「ユダヤ人は国家の構成員たりえない」と書いてあった。

そしてヒトラーが一九二三年のミュンヘン一揆で失敗して投獄された際、彼は先に引用した『我が闘争』を執筆する。一九二五年に出版された同著では人間の歴史を「レーベンスラウム」（生存圏）を争いあう人種間の戦争として描き、アーリア人種の生存のためにスラブ人を奴隷化し東方の領土を侵略することを構想した。そしてユダヤ人排斥を訴えた。ナチスが権力を掌握した一九三三年には断種法を制定し、三五年には人種差別を体系化したニュルンベルク法が制定された。アーリア人種としての繁栄を目的にした断種を実施し、人種間の婚姻を禁止し、そしてアーリア人とユダヤ人の法的な区別を詳細に定めた。

このように生物学的なレイシズムはナチズムによって実際に第二次世界大戦を引き起こ

した。そして周知の通り、ヨーロッパ中からユダヤ人をかき集めて六〇〇万ともいわれる犠牲者を出したジェノサイドであるホロコーストに帰結したのである。

第二世界大戦とホロコーストによる社会の破壊は、レイシズムの正当性を根底から揺るがすことになる。そしてそのようなレイシズムと闘う実践や理論の練り上げのなかで、「レイシズムとは何か」という問いとその答えが明確な形をとりはじめるのである。

これについては第三章で扱うが、まずは「はじめに」で述べた「レイシズムとは何か」という問いに、次章で答えておこう。

第二章 レイシズムとは何か——生きるべきものと死ぬべきものとを分けるもの

「はじめに」で触れた通り、本書はレイシズムを人種化して殺す権力として定義する。その意味については本章の後半で解説する。その前にまず「レイシズムとは何か」という問いがどのように現われ、これまでどのような「答え」が当てられてきたのかをみていこう。

†レイシズムという言葉の登場

レイシズムという言葉はレイス（人種）race＋イズム（主義）ism から成る。レイシズムは人種という言葉から派生した新しい言葉である。オックスフォード英語辞典（ＯＥＤ）の一九一〇年版には「レイシズム」はないが、八二年版ではその言葉が「初めて英語に現われたのは一九三〇年代だということが示唆されている[1]」。

レイシズムという言葉は人種差別を煽動して台頭するナチを批判する文脈で一九二〇年

代末から亡命ドイツ人による言論活動によって生まれた。一九二八年にフリードリヒ・ヘルツはナチを批判する際に「人種憎悪」Race hatred という語を使った。一九三三〜四年にドイツのユダヤ人でゲイ解放運動に携わった社会学者マグヌス・ヒルシュフェルトによって書かれ、亡命先のパリで死亡後の三八年に英語訳で出版された本は『レイシズム』と題されていた。

そして米国の人類学者ベネディクト・ルースが一九四〇年に『人種——科学と政治』を出し、四二年に英国版『人種とレイシズム』を出して次のように明確に批判した。

レイシズムとは、エスニック・グループに劣っているものと優れているものがあるというドグマ〔教義の意〕である。どれかの人種を絶滅させようとしたり、あるいは純粋に保とうとするのは、このドグマである。[2]

この定義こそ後にOEDのレイシズムの有名な用例として採録されることになったものである。第二次世界大戦に参戦する米軍に協力して『菊と刀』も書いたベネディクトの同書は（大量に黒人兵士を動員する戦争で人種間対立を緩和し戦意・士気を向上させる）「総動員のためのプロパガンダであった側面は否定できない」（阿部大樹、訳者あとがき二〇五頁）が、同書はレイシズムという言葉を世界中に広める上で大きな役割を果たした。

†科学的レイシズムの否定

このように主に三〇年代から四〇年代にかけて急速に普及したレイシズムという言葉は「一八世紀末と一九世紀の科学的思考の所産を指すために用いるという点で一致」していた[3]。ナチとファシズムの台頭により、一九世紀の科学的人種理論が世界大戦やジェノサイドに行き着くというインパクトは、社会運動や研究者に科学的人種理論の正当性を全否定することを迫った。

このことを戦後国際社会の常識にまで高める上で決定的だったのが、ユネスコの一九五〇年と翌年に出された二つの反レイシズム声明であった。ユネスコに結集した当時の著名な科学者によって起草された「人種に関する声明」（五〇年）と「人種の本質と人種の違いに関する声明」（五一年）では、人類がホモ・サピエンスという単一の種であること、そして「人種の生物学的な差異は存在しないと断言し、人種優越の理論をきっぱりと否定」し、「人種は生物学的現象ではなくて「社会的神話」であると強調していた[4]」。

†レイシズムとは何か①人類が撲滅すべき社会悪の定義

科学的レイシズムが否定されるだけでなく人種差別も国際的に禁止されることになった。ファシズムによる社会破壊を防止する反レイシズムは国連の目的として位置づけられた。かくして戦後国際社会は全人類の約束事として科学的人種理論と人種差別を全否定した。これを世界史上の画期として重視するエティエンヌ・バリバールは次の三つの「歴史的複合状況」によって起きたとしている。[5] ①第二次世界大戦での反ファシズム闘争、②アジア・アフリカ・ラテンアメリカ各地で相次いで独立を勝ち取っていた反植民地主義闘争、③黒人奴隷制を廃止した後も人種隔離体制を続けていた米国で闘われつつあった公民権運動である。

バリバールは「このようなレイシズムそのものが今や禁止されているという事実は、その起源、その性質、その効果に関する議論に対して、極めて拘束的な枠組みを課している」と指摘した。つまりナチズムと植民地支配と人種隔離を絶対悪と判断し、レイシズムを厳禁したこの世界史的な大変化こそ、「レイシズムとは何か」という問いを、それ以降から今日まで根本において条件づけ続けているものだ。

このことは極めて重要なので、後の議論のためにもいくつかの帰結を確認しておこう。第一に、人種差別としての「レイシズムとは何か」の答えは、人類が撲滅すべき絶対悪以外のものではあり得なくなった。レイシズムと闘うことは人類の無条件的義務である。レイシズムを擁護したり正当化することは社会正義に反することになった。

重要なことはレイシズムなるものが絶対悪とされ、それを禁止する実践があるからこそ、「何がレイシズムで何がそうでないのか」を判別することが喫緊の問いとして提起されるということだ。両者を判別する知である「真理の体制」（フーコー）がレイシズム禁止の実践によってつくられる。第四章で述べる通り人種差別撤廃条約が、人種にまつわるグループへの不平等な効果をもつもの、という人種差別のグローバルな定義を確立させたのは、その代表的な例である。

この意味でのレイシズムという言葉には犯罪・違法行為から倫理・道徳上の糾弾対象に至るまで、ネガティブなニュアンスがつきまとうことになる。

第二に、右の人種差別撲滅の義務化により、人種差別の原因となる人種主義としての「レイシズムとは何か」という問いもまた、死活的な切実さを帯びて問われることとなった。レイシズムが何であるかを特定し、そのメカニズムを解明し、なくすことが至上命題となり、ジャーナリズムから国家の政策、アカデミズムから社会運動に至るまで、あらゆる領域で問われることとなった。この意味でのレイシズムには社会科学的な分析概念としての客観性が鋭く問われるようにもなる。

そのため糾弾すべき社会悪としての人種差別と、社会科学の客観的分析概念としての人種主義が、概念の意味をめぐって激しく対立する関係が生じる。ここからアカデミズムでは「レイシズムとは何か」をめぐって戦後さまざまな分野で議論が白熱することになる。

第三に、以上の結果として欧米では、一九世紀型の人種理論のような人種を用いた人種差別は、少なくとも公的には使えなくなった。これはレイシズム禁止の実践によって生み出された「何がレイシズムで何がそうでないのか」という知によって、人種に優劣があるとするイデオロギー（人種科学やナチズム）や、人種によって差別する制度（米国や南アでの人種隔離の法律・政策）や、人種による差別を行う個人・団体といった主体（ナチやＫＫＫ《クー・クラックス・クラン》）が、「レイシズム（あるいはレイシスト）」として「発見」された結果であった。

そして第四に、人種を使って人種差別するタイプのレイシズムが禁止されたからこそ、**人種を使わずに**（後述する通り文化や国籍差別・入管政策やナショナリズムや市場原理などを使って）実際には人種差別をするという、様々な高等戦術が編み出されるようになった。それらは「新しいレイシズム」と呼ばれ、様々な定義と議論を量産することになる。英仏米の事例でみてみよう。

†新しいレイシズム

極右によるレイシズム言説の変化を分析するうえで非常に重要なスピーチとして、一九六八年の英国バーミンガムで開かれた保守党会合での、国会議員イノック・パウエルによる「血の河」演説は記憶されている。ヨーロッパは戦後復興のための低廉な労働力人口を欲していたが英国でも当時コモンウェルスから旧植民地出身者が急速に移民として流入してきていた。パウエルは急激な移民の流入に真っ向から異を唱えた。入管を厳格化し、移民の定住を防いで帰国させ、米国で成立し世界の差別禁止法のモデルとなった公民権法を見習った一九六五年の人種関係法に反対するよう訴えた――さもなければ英国には「血の河」が流れるだろう、と。

アンチール人やアジア人はイギリス生まれでもイギリス人にはならない。法律面では出生によりイギリス国民だが、実際はずっとアンチール人であり、アジア人なのだ。[6]

これはレイシズムだろうか？　ベネディクトのように人種の優劣を指標とする定義によると否であろう。だがパウエルは人種の優劣も言わず、しかし人種差別を煽っている。

ここに「新しいレイシズム」を見いだしたのが英社会学者のマーティン・バーカーだった。バーカーはレイシズムは人種に優劣をつけるものだとする説は「過去にかんする神話」だと明言し、そのような定義が戦後英国で人種の優劣に言及しないことを美徳とするような形式のレイシズムを覆い隠すのに力を貸してきたと批判する。新しいレイシズムの「核心」は「人間本性《ヒューマン・ネイチュア》の一理論である」ところだ。いわく「他のネーションとの差異を意識した一ネーションを形成するのは自然なことである」[7]というものだ。

バーカーによれば「社会的、歴史的な過程の所産にほかならない集団分類を、生物学的、疑似生物学的にとらえる」理論や議論はレイシズムとみなせるという。彼は労働党に敗北した保守党が政治戦略として、五〇年代以降の旧植民地からの大量の移民への潜在的反感を見込んで、パウエル演説に象徴される移民排斥とナショナリズムに訴えるようになったことへの批判を意識していた。

背景には移民排斥を訴える保守党に対し、左派の労働党は人種関係法を制定させる一方で入管厳格化で妥協したという経緯がある。人種関係法は差別の原因がレイシズムではなくあたかも「人種関係」（白人と黒人との好／悪関係）にあるとする欺瞞性を持っていた。

まとめると、レイシズムを煽動する側は、一方では戦後的反レイシズムによって武器として生物学的な人種を用いる旧来の戦術を使うことができなくなった。しかし他方では人種の代わりに、移民の文化を人種化したり入国管理というナショナリズムに依拠してレイシズムを煽動する新たな高等戦術を編み出したのだった。旧来型のレイシズムの定義では太刀打ちできない新現象をバーカーは理論化しようとしたのである。

ポール・ギルロイが批判したのもこれであった。パウエルのレイシズム言説が一方で犯罪取り締まりという合法性に着目し、他方で黒人が英国社会に登場したことへの恐怖に着目することで、「「人種」と国民との決定的な連環を手に入れた」と指摘している[8]。このレイシズムとナショナリズムの節合という問題については他の章でも検討する。

†差異主義的レイシズム

同時期にフランスでもアルジェリア独立戦争で仏軍として従軍し片目を失ったル・ペン

が引揚者を中心に組織した極右の国民戦線の台頭がみられ、大きな社会問題となった。反レイシズム運動によって追い込まれた国民戦線はル・ペン主導で八〇年代に思い切って政界に進出するための政党化に踏み切った。ル・ペンらのレイシズム言説も以前のような露骨な生物学的レイシズムではなくなってゆく。

国民戦線台頭を念頭に一九八八年、タギエフはこの状況を「差異主義的レイシズム」として分析した。ヴィヴィオルカによるとバーカーの「新しいレイシズム」と比べて「より抽象的で洗練されており、身体的な序列化と文化的差異の対比に重点が置かれている」。

タギエフが問題にしたのは「人種なきレイシズム」だった。ル・ペンらも生物学的な人種を持ち出せなくなった一方、人種に触れない代わりに文化や差異を持ち出してレイシズムを煽る言説に転換したのだが、このことをどう批判的に分析するかが問われていたのだった。このようなレイシストが差異主義を持ち出すロジックは今日の欧州で台頭している極右のアイデンティティ運動を考察するうえで重要であろう。

†制度的レイシズム

そして新しいレイシズム論のなかで最も大きな影響を与えたと言えるのが「制度的レイ

シズム」であろう。これは米国の戦闘的な黒人解放運動が生み出した告発であった。

南北戦争が終結したが、むしろ新たなジムクロウ法によって強力に人種隔離とリンチが繰り返されてきた米国では、激烈な公民権運動を経て一九六四年公民権法が勝ち取られた。公民権運動は人種隔離を廃止させ、米国社会のあらゆる領域を一変させた。だが一方で、黒人はじめ非白人の貧困と失業と差別は依然として深刻だった。

公民権法を成立させてもなおレイシズムを解決できないことへの怒りと絶望は激しく、とりわけ黒人の若い世代の中からラディカルなブラック・パワー運動が生まれ、大きな支持を得た。一時はキング牧師らと公民権運動に取り組んだ学生非暴力調整委員会（SNCC）の活動家だった黒人アクティビストのストークリー・カーマイケルはチャールズ・ハミルトンとともにその名も『ブラック・パワー』を出版し、黒人解放は米国一国内の公民権運動ではなく、第三世界の反植民地主義闘争と連帯し、黒人自らの自治的経済コミュニティを運営すべきことなどを主張した。この本のなかで「制度的レイシズム」という概念が生み出され、今日までレイシズムを批判する多くの運動・理論に多大な影響を及ぼした。

白人のテロリストが黒人教会を爆破して五人の黒人の子どもを殺す時、これは個人的レイシズムの行動の一つであり、この社会のほとんどの階層で広く嘆き悲しまれる。しかしそれと同じ都市で――アラバマ州バーミンガムで――毎年五〇〇人の黒人の幼児が十分な食べ物、シェルター、医療施設がないために死んだり、数千人を超える人々が黒人コミュニティ内の貧困や差別という条件によって物理的に、感情的に、知的に打ち壊されそして傷つけられている時、それは制度的レイシズムの機能なのだ。[9]

この制度的レイシズムという概念はレイシズム分析に多大な影響を及ぼした。確かに米国南部のリンチや、暴力でないにせよ面と向かった差別行為（ホテルで宿泊を断るとかレストランでサービスを拒否するなど）はわかりやすいが、そうではないシステムの結果おこる差別はみえないだけに厄介だ（たとえば黒人と白人の平均収入に格差があるのは誰も意図していないかもしれないが市場原理というシステムが生み出した差別である）。ヴィヴィオルカが言うように制度的レイシズムは「レイシズムが政治的に信用を失い、法で禁じられ、科学者からもまったく評価されず、偏見が表に出される空間がほとんどなくなっても、制度の自然な傾向を食い止める政策が意図的に採られなければ、被差別集団の成員はいつまでも経済や政治空間の底辺労働にしか就けず、雇用、住宅、教育の領域で差別を受ける」ことに着目させ注意を促した点で優れていた。

今年五月以降日本でも急速に知られるようになったブラック・ライブズ・マター運動のなかで、この制度的レイシズムという概念も今でこそ社会的に広まりつつある。だが重要なことはこの制度的レイシズムという概念はアカデミズムが生み出した用語ではなく、公民権運動の成果を乗り越えようとしたラディカルな若い世代の黒人解放運動ブラック・パワー運動が生み出した言葉だという点である。カーマイケルは『ブラック・パワー』の冒頭で、南北戦争後の奴隷解放前の困難な時期に、奴隷廃止運動に尽力した黒人活動家フレドリック・ダグラスが闘争のなかで残した、次のような有名な言葉を掲げている。

自由がいいとは口では言いながら社会的な運動を軽視する者は、土地を耕さずに収穫をほしがる者である。雷鳴や稲妻を嫌いながら雨が欲しいと言うのである。(略)権力は求められずに譲歩などしない。そんなことは過去にもなかったし今後もあり得ない。[10]

差別や権力とは、対決と闘争をしてはじめて成果を勝ち取ることができる。社会運動の鉄則と言うべきこの名言は、対決と闘争を嫌悪し「対話」ばかり好む日本では特に重要だ。

さらに同書はフランスに植民地支配されていたアルジェリアの解放運動に参画したフランツ・ファノンが死の直前に書き残し、今でもポストコロニアリズムの古典として読み継がれている『地に呪われたる者』も引用されており、制度的レイシズムを言い換えるなら植民地主義だとハッキリ述べている。つまり制度的レイシズムという概念は、公民権運動の成果を踏まえたうえで、それを乗り越えるべくベトナム反戦時代にアジアやアフリカで展開されていた第三世界革命への連帯を模索することで、よりラディカルに闘おうとした米国の黒人解放運動のダイナミズムの中で生み出されている。制度的レイシズムは単なる分析概念ではなく、ブラック・パワー運動からの戦略的問題提起として生み出されたものだ。その意味は実践のなかでどのような文脈・位置づけを持っていたかを理解しなければならない。

†現代的レイシズム

米国でも公民権運動を背景に、極右や差別する者の言説にも変化が現われた。七〇年代の米国では「象徴的レイシズム」ないしは「現代的レイシズム」という概念が生み出された。ヴィヴィオルカによると「レイシストはもはや黒人の生物学的、身体的、知的劣等を問題にしなくなり、むしろ黒人の文化的・道徳的規範をとりあげる。彼らにとって黒人は、簡単に与えられる社会支援に頼りすぎており、家族崩壊を放置し、仕事を怠け、個人の責任や努力といったアメリカ国民の文化的・道徳的価値観を傷つける存在なのである」。高史明の整理によると象徴的レイシズム（と現代的レイシズム）には四つの「信念」がみられる。「（1）黒人に対する偏見や差別はすでに存在しておらず、（2）したがって黒人と白人との間の格差は黒人が努力しないことによるものであり、（3）それにもかかわらず黒人は差別に抗議し過剰な要求を行い、（4）本来得るべきもの以上の特権を得ている」[11]。

つまり公民権法で人種隔離は過去のものとなったし、差別禁止法もつくられたのだから、もうレイシズムはいわば「終わった話」だ、というレイシズムなのである。

†強力な反レイシズム闘争を解体する米国の新自由主義的レイシズム

英仏の反差別運動と比べても米国の公民権運動はベトナム反戦運動と合わせて米社会を根底的かつ全面的に変えるほどのインパクトを持っていた。したがって英国のようにネイションの外的境界（移民排斥）や、フランスの文化・差異（アイデンティティや選択）の活用程度に留まらない、より洗練された新しいレイシズムが登場したのも米国だったのである。

実際、第四章で見る通り、米国の公民権運動は、差別を包括的に禁止した広範な一九六四年法の成立だけでなく、六五年公民権法によって第一章で述べた一九二四年の絶対移民制限法以来の（五二年のマッカラン・ウォルター法は帰化の差別をなくしたが移民受入でのレイシズムを継続）レイシズム的な移民の国籍別割り当て・制限を全廃させたのだった。つまり反レイシズム運動が米国の場合、ネイションの内的排除（人種隔離）だけでなく、外的排除（国籍取得・移民制限・入管）においても差別禁止の論理を刻み付けることに成功した。その後も公民権法は幾度も改正を重ね、アップデートを繰り返してきた。

このような形式的差別禁止のみならず、実質的差別是正というアファーマティブアクションを義務付けたところに米国の反レイシズム政策の特色はあった。その結果、白人男性の牙城であった公務員や官僚や大学といった領域に非白人と女性等のマイノリティが進出し、その人的構成を一変させた（不十分さもあるが）。公民権法の形式的差別禁止法同様、これもヨーロッパが後に見習い「ポジティブ・アクション」として導入していった。

このように世界的にも強力な反レイシズムに対応を迫られ、米国では新たに新自由主義と結びついたレイシズムの高等戦術が練り上げられていった。平等の規準を市場原理に置いたうえで、形式的差別禁止の論理を全面的に受け入れるとともに、アファーマティブアクションを不当な「特権」として攻撃するタイプの新自由主義レイシズムである（第七章で改めて論じよう）。

このことを最もよく教えてくれるのが、一九八一年に共和党の戦略家リー・アトウォーターが南部での選挙戦略について語り、後に録音が暴露された次のような発言である。

> 一九五四年には〔選挙で〕「ニガー《ママ》、ニガー、ニガー」と言っていた。だが一九六八年にもなると言えなくなった、言えば逆効果だ。なので「バス強制通学」〔差別撤廃のため人種統合を目的に実施〕とか「州の権利」〔自治を盾に人種隔離法を残そうとする〕とかそういう言葉を使った。抽象的な表現ばかりになって、しまいには〔一九八一年には〕減税とか完全に経済の話をしながら副産物としてそれで苦しむのは白人より黒人だと言っているわけだ。[12]（強調引用者）

一九五四年の南部では露骨な人種差別が使えた。だが公民権運動による反レイシズム規範により、六八年では人種を使ったレイシズムはむしろマイナスとなったため、差別禁止政策を非難する戦術をとった。そして八一年には減税や福祉削減などの経済の話をするだけで市場原理によって黒人差別を喚起する戦術を練り上げた。この発言は米国の反レイズムによっていかにレイシズムの戦術が変更を強いられたかを、また他方ではいかに巧妙に新自由主義を用いて新しいレイシズムの戦術を練り直したのかを、見事に表現している。

ちなみに右の発言のように、直接人種に触れず、差別表現も使わないが、人種差別を煽動する暗号のような言葉を「犬笛」と呼び、欧米では差別禁止や極右規制をかいくぐる高等戦術として批判されている。

同じようにニクソン政権以後の「カラー・ブラインド」(人種を気にしない、差別しないという意)レイシズムの政治戦略が反差別運動の解体を目指した。レーガン政権時には「ウェルフェア・クイーン」という差別的な言葉が捏造されている。[13] これは若い黒人女性のシングルマザーを指して、子どもを育てられないのに無責任に子供をたくさん産み、育てられないから生活保護に依存して仕事せずに遊んで暮らす、というレイシズムの差別的シンボルである(ここでもセクシズムとレイシズムは絡み合っている)。

ここで差別を正当化しているのは生物学的人種ではなく市場原理である。もっと言えば市場原理こそが唯一の正義であるとする新自由主義である。つまり公民権法で差別が禁止されている以上、マイノリティもマジョリティも平等に市場や競争に参入でき、自由な就職や企業活動がいくらでも可能である。それなのに「貧困の文化」にまみれた黒人は市場で競争しようとせず、福祉に依存する。というより福祉やアファーマティブアクションがあるからこそ、黒人女性は働かずに遊んで子を産むだけ産む。そしてそのようなマイノリティに「特権」を保障する制度を放置すればするほど、市場で競争しようとするインセンティブが弱まり、黒人女性は福祉に依存し、子を産むだけ産むので財政を圧迫する貧困な黒人人口が増殖する。だから福祉を削減しなければならない。――このようなタイプのレイシズム言説なのである。

日本でも例えば杉田水脈がLGBTは「「生産性」がない」などと暴言を吐いて問題となったが、これも市場での競争原理こそが真の平等であると言う価値観に基づいた発言である。批判を浴びた通り子どもを産まないから「生産性」が無いなどという思想じたいが差別なのだが、それだけでなく国家の税金を投入するべきか否かを「生産性」の有無で計算すべきという市場原理に基づいた論理なのである。他にも生活保護受給者へのバッシングなどはここでいう新自由主義的レイシズムに相当する。[14]

ここでのレイシズムの人種化機能は、もはや生物学にも、文化や差異にも依拠する必要がない。ただ市場（競争しようとするか否かというモノサシで「人種」化する）に依拠することで実現できる。反レイシズムが、人間を分断するモノサシとして、生物学的な人種も、文化や差異も使わせない状況をつくる（反差別ブレーキの構築）ことに成功した場合、レイシズムは最後に残された、しかし最も強力なモノサシとして市場を頼ることになる。市場で競争せず富を得る人間は不当な特権を得ているという新自由主義のロジックとレイシズムが結合することが今日最も厄介である。ＢＬＭが挑戦している、これにどう対抗するかという世界的課題については第七章で取り上げたい。

†レイシズム概念のインフレとデフレ現象

「新しい」「文化的」「差異主義的」「制度的」「象徴的」「カラー・ブラインド」……。「レイシズムとは何か？」という問いに、様々な形容詞を付けたレイシズム概念が登場することになった。これを概念のインフレとデフレであると批判したのがロバート・マイルズだ。[15] マイルズは英国社会学で盛んに議論されたレイシズム概念をめぐって、概念をやたら拡張し意味を高騰させるインフレと、概念がもつ社会科学的な説明力をどんどん減価させるデフレが同時に起きていると指摘した。

レイシズム概念のインフレの原因は二つある。第一に、戦後世界システムでは周辺から中心へ大量の移民現象が起きた（欧州では旧植民地から移民が、米国では南部から黒人が北部へ）が、イデオロギー上はレイシズムが否定されたにもかかわらず（戦前と同じような）構造的な従属が残っていたからだ。この構造的従属を説明するために、レイシズム概念がインフレを起こしたというのがマイルズの説明だ。

確かに社会学者のサスキア・サッセンが『労働と資本の国際移動』で指摘した通り、今日の移民は①労働力再生産費用が安く（出産・育児・教育などのコストは出身国社会が負担）、②入管法によって無権利状態に置かれているために雇用する企業にたいしてより従属的であるよう強いられる。世界システムの周辺から中心へと移動する移住労働者は国民国家間の国境によって移動を制限されるレイシズムによって、受け入れ国社会で二重に従属的な立場に置かれる。文化やナショナリズムを用いるバーカーのいう「新しいレイシズム」はこのような世界システムの下部構造が生み出したものだといえる。だがこのようなメカニズムをうまく分析できないため、移民への差別現象を「白人」「黒人」という主体間の関係に還元する傾向が生まれ、マイルズはそれをインフレだと批判した。

インフレ原因の二つ目は、本書で既に指摘したナチのホロコーストによってレイシズムが社会悪とされたことだ。そのため戦後も関連する個人や出来事を道徳的に非難し糾弾する概念としてレイシズムはインフレを起こしたとマイルズは言う。

その結果、デフレも避けられない。マイルズはとりわけ英国社会学に輸入された「制度的レイシズム」概念の用法が人種差別現象を「白人」「黒人」という主体の関係に還元してしまい、メカニズム分析がうまくできなくなっていると鋭く批判したのである。欧州の移民への差別や米国の黒人差別を説明するための「制度的レイシズム」概念は、結局はかつての植民者／被植民者という関係を、現在の「白人」「黒人」という主体の関係へと置き換えるものであるため、分析概念としての力を失った、というわけである。

マイルズはレイシズムという概念を制度などに拡張するよりも、身体的・生物学的なものと結びつけたネガティブな他者表象の形態というイデオロギーとして限定的に定義した。そのうえで、どのような現実の人種化 racialization プロセス（実際に身体的・生物学的な人種をつくりだす）のなかで、そのイデオロギーとしてのレイシズムが再生産されるのかという、唯物論的なプロセスの歴史や関係を分析しなければならないとした。つまり歴史的な生産関係や戦後の移民労働者がおかれている労働や住居や文化といった諸関係のなかでありもしない「人種」がいかにしてつくられるのかという人種化プロセスを分析すべきだと主張したのである。

マイルズは「人種」が存在しない以上「人種関係」も存在しないとして社会学の分析概念として両者を使わないよう訴えた――それらは「物象化」された概念だと批判した。「人種関係」とは、前述の人種関係法で使われた用語で、旧植民地からやってきた有色人種と英国内の白人との良好な「人種関係」を維持するためには国内の差別禁止とともに移民制限が必要で、あとは有色人種の側の「統合」が問題だという意味あいを持っていた。マイルズはこの欺瞞性を批判するのみならず、英社会学も無批判に行政用語としての「人種関係」カテゴリを使い過ぎていることに警鐘を鳴らしていたのである。

さてマイルズの指摘が一理あると言わざるを得ないのは、確かに「新しいレイシズム」論の分析概念としての甘さがあるからであろう。

だがマイルズにも、彼がイデオロギーとしての「レイシズムとその実践との関係について言及する段になると」分析が曖昧になるという『ホワイト・ネイション』の著者ガッサン・ハージの批判がある。そして当のハージはといえば、レイシズムを駆動させる動因をむしろナショナリズムとして分析することを提案するのである。

じつはフレドリクソンが言う通り歴史学でも社会学でも、レイシズムを一般的分析概念として用いることに疑義が呈されて久しい。そして実際にレイシズムという定義にこだわらずとも個別具体的な人種差別現象を分析することは可能ではある。

レイシズムという概念は本当に不要なのか。そうでないとすれば、レイシズムとは一体何だろうか。

†知と権力とレイシズム

「レイシズムとは何か」という問いを考えるために、この問いの外に出なければなるまい。

バリバールによると「「レイシズム」というカテゴリーの現在あるいは未来の用法」は「権力と知」が「互いを強化し合う」という「この循環から抜け出すことはできない」。「レイシズムとは何か」という問いはフーコーが言った意味での知と権力の相互作用のなかから絶対に抜け出ることが出来ないとバリバールは強調した。

つまり「レイシズムとは何か」を考えるためには、「何がレイシズムで何がそうでないのか」を人々が判別する際に支えとしている知と権力の関係を問わねばならない。何がレイシズムで何がそうでないのかを規制する「真理の体制」（フーコー）がどのようなものであり、それがどのような実践的諸関係と結びついているのかを問わねばならない。

「新しいレイシズム」論がインフレとデフレを起こした理由をマイルズが現実的諸関係から説明してみせたやり方には一つのヒントがある。だがマイルズは「レイシズムとは何か」という問いにイデオロギーという答えを与えてしまった。

問うべきは「レイシズムとは何か」でもなければ、適切な分析概念とは何かでもない。人種差別が近代社会ではなぜかくも強化されるのか、である。第一章でみたように、前近代では単なる異邦人嫌悪や宗教的憎悪にとどまっていたのに、近代以後はありもしない人種をつくりだして差別のみならず暴力やジェノサイドまで引き起こすのはなぜなのか?だ。「レイシズムとは何か」の代わりに、「近代の資本主義社会でレイシズムはどのような社会的形態をとるのか」を問わねばならない。この課題に取り組んだ稀有な知識人がバリバールとフーコーであった。

バリバールは近代のレイシズムはナショナリズムと必ず節合することを強調した。彼によると近代のナショナリズムはレイシズムなしにはあり得ない。レイシズムがつくる「虚構のエスニシティ」なしにネイションは組織され得ない。近代国民国家がレイシズムをなぜ必要とするのかを説明する非常に重要な議論だが、これは第七章でとりあげよう。

フーコーはレイシズムを資本主義社会の生権力が主権と交わるところで機能すると指摘

した。資本主義でレイシズムは近代的・国家的・生物学的な形態をとり、それは生権力の対象である人口を、生きるべきものと死ぬべきものとに分ける機能を果たす。これにより国家は人口内外の生物学的危険を除去することを社会防衛として正当化する。

本書は「はじめに」で「レイシズムとは、人種化して、殺す(死なせる)、権力である」と定義しておいた。その意味について本章の残りを使って説明しよう。[16]

†レイシズムとは何か②人種差別を引き起こす原因を探る

①レイシズムは人種化する

断っておかねばならないがフーコーはレイシズムの専門家でもなければ、レイシズムをメインの対象にすえて研究したこともない。しかし『知への意志』と歴史に残るコレージュ・ド・フランスの名講義で、近代の生権力がレイシズムを途方もなく強化するメカニズムについて極めて重要な指摘をしていた。より明確に語っている講義録から引用しよう。

実際、人種主義は何なのでしょうか? まず、それは権力が引き受けた生命の領域に切れ目を入れる方法なのです。そうやって生きるべき者と死ぬべき者を分けるのです。人間種の生物学的連続体において、諸々の人種が現れ、人種間の区別やヒエラルキーが設けられ、ある人種は善いとみなされ、ある人種が反対に劣るとされるなどして、権力の引き受けた生物学的な領域が断片化されていくことになるでしょう。[17]

人口を人種によって切り分けて、「生きるべき者と死ぬべき者を分ける」こと。これがレイシズムの第一の機能だ。

じっさいに「はじめに」でとりあげたエルパソの襲撃犯は、レイシズムによって人間を人種化して「メキシコ人」をつくりだし、その「メキシコ人」を「死ぬべき者」に分けた。人種化して生死を選別するレイシズムは、ヘイトクライムから戦争、植民地支配、ジェノサイドといった殺人行為で決定的な役割を果たす。

ただし繰り返すが人種は存在しない。レイシズムはありもしない人種をつくりあげる。生物学から文化まであらゆる口実を用いて人種をつくりあげ、同じ人間を分断する。たとえば新型コロナウイルス流行時に、飲食店が中国人の入店を拒否する張り紙をだした事件が発生したが、そこで「中国人」と「日本人」を分ける作用がレイシズムの「人種化」だ。

このように人種をつくりだし人種によって分断するレイシズムの機能を、本書では「人種化」とする。

②レイシズムは殺す（死なせる）

レイシズムは人種化し生きるべき者／死ぬべき者を分けるだけでない。実際に殺させる。ホロコーストや関東大震災時の朝鮮人虐殺など、近代のレイシズムが殺人やジェノサイドに行き着く例は無数にあるが、それはフーコーのいう次のような機能に支えられた。

人種主義には二つ目の機能が生じることになる。「殺せば殺すほど、より多くを死なせることになるだろう」とか「より多くを死ぬに任せれば、その事実自体によっておまえはより生きることになるだろう」といったタイプの、ポジティブな関係を確立する役割を、人種主義は持つことになる。

ここにレイシズムが単なる差別を超えて、ヘイトクライムやジェノサイドさえ引き起こす傾向を持つ理由がある。レイシズムは単なる「異人種」への差別ではなく、人口にとっての生物学的危険を駆除する社会防衛の実践である。放っておけば癌のごとく人口を危機に陥れるからこそ、暴力をふるい、追放し、殺すことはむしろ正義なのである。

レイシズムは危険というマイナスを除去するだけでなく、人口の人種的純粋さをより一層追及するというプラスを得るためにも、殺す。「他者の死、劣悪種の死、劣等種(あるいは退行者や異常者)の死、これは生命一般をより健全にしていく、より健全でより純粋なものにしていくものなのです」とフーコーは言う。

「メキシコ人」を殺さなければならない——そうエルパソの銃撃犯が思ったのは、レイシズムが「メキシコ人」を社会にとって殺さねば除去できないほどの危険な「人種」としたからだ。レイシズムのヘイトスピーチでは決まって「メキシコ人」や「在日朝鮮人」が、犯罪者や、異常者や、精神疾患者や、遺伝的劣等性や、病原体(梅毒やコロナウイルスの媒介者)などと結びつけられているのはこのためである。

後に何度も触れる通り、レイシズムは実際に社会の内外に潜む危険な人種を摘発する際に、その判別規準を提供する。生死選別のモノサシ——この規準こそヘイトクライムやジェノサイドの犯人が、誰を殺し誰を生かすかを判別する際に決定的な役割を果たすのだ。

コロナウイルスによって爆発的に人種差別が引き起こされているのはこのレイシズムの機能が作動しているからだ。このようにレイシズムは社会防衛を掲げ、「人口にとっての危険である人種」を除去しようとする。

レイシズムは人種をつくり出し、生きるべきものと死ぬべきものとを分け、殺す。この恐ろしい機能が前近代にはない、近代レイシズムの特徴なのである。これは生権力の登場によってつくりだされるのだが、その説明に入る前に、権力とは何かを確認しておこう。

③レイシズムは権力である。

ここでいう権力を、まず「リアルなチカラ関係」ぐらいの意味で考えてほしい。

フーコーによれば権力は、身体・モノを対象とする物理的強制力としての暴力とも、支配における同意機能とも異なる。権力の行使とは「ある行為が他者の可能的行為の領野を構造化する手段・方法になる」ものだ。[18]「主体と権力」という対談でフーコーは言う。

権力は、行動可能性へと高められた行動そのものの全体構造である。権力は煽動し、誘い込み、唆し、容易にしたり困難にしたりする。極端には、権力は絶対的に強制し禁止する。にもかかわらずいつも権力は、行為や行為可能性に基づいて行動する単数・複数の行為主体に作用する手段・方法である。他者の行為に作用する一連の行為。

たとえば学校や会社などでのミーティングの時、「コレ違うな」と思いながらも反対意見を言いづらく、遂に言えずじまいで「合意」が形成されてしまったという経験ぐらい、誰にでもあるだろう。だがその時仮に、他の誰かが先に同じような反対意見を出してくれていたら、あなたは反対意見をはるかに言いやすくなるはずだ。それが影響力や人望のあるタイプの人だったらなおさらである。逆にその組織で人権侵害やハラスメントが常態化していたりリーダーが権威的だったり、あるいは反対意見を言うことで明らかな不利益(解雇や内申点の減点など)がある場合は、反対意見を言うことはそれだけ困難になる。このような一つひとつみれば全く取るに足らないミクロな技術が、ある様式で積み重なれば、権力は他者の行為を特定のやり方で行わせることができるし、同意をも容易に生み出すことができる。

このように私たちはたとえ自由に生きていると主観的には思っていても、社会関係に拘束されている。つまり私たちの行為は必ず無数の他者の行為の効果に条件づけられている。そして他者の行為を条件づける行為には一定の様式がある。たとえばミーティングの時に反対意見を言いやすくするような効果を生む行為の様式もあれば(誰かが先に反対意見を言うとか、司会が話しやすい雰囲気をつくるとか、年上・男性・日本人のようなマジョリティが年下・女性・外国人などに配慮するとか、反対意見を言っても不利益がないようにルールをつくるとか）、逆に反対意見を言わせない効果を持つ行為の様式もある（司会が官僚的に議事を進行するとか、リーダーが権威的に振る舞うとか、反対意見を言った者を実際に冷遇するとか、人権侵害やハラスメントを組織内で横行させるとか、それを周りの人が見て見ぬフリをするとか）。

差別も同じだ。次章で詳しく扱うが差別行為の発生は、その人が差別行為を実践できるようにする効果（差別アクセル）と、逆に差別行為をさせまいとする効果（反差別ブレーキ）のせめぎあいのなかで起こる。人種差別を引き起こしエスカレートさせる権力の戦術・戦略的合理性を、差別を抑制しようとする抵抗との関係のなかで分析することが求められる。

実際の差別行為が起きる時、誰のどのような行為が差別アクセルとなり、誰のどのような行為が反差別ブレーキとなるのかを具体的に分析していくこと。これが本書の視点だ。

レイシズムを権力として分析する最も有利な点の一つは、レイシズムをわかりやすい人種主義的なイデオロギーや制度や主体に還元する、陥りがちなワナを回避できることだ。

たとえばベネディクトのようにレイシズムをイデオロギーとして定義したとしよう（人種に優劣をつける思想や理論）。だがそのイデオロギーはどこから生まれるのか？　イデオロギーとして定義する理論はこうして、イデオロギー以外の何かによる説明を必要とする。

次にレイシズムを制度（米国の人種隔離や南アのアパルトヘイトなど）として定義することもできる。だがその制度を生み出すのは制度自身ではありえない。制度によるレイシズムの定義もまた、制度以外の何かによる説明を必要とする。

人種主義的な制度を説明するため、その制度を生み出す何かの主体（ナチなどの極右から当時のドイツ人などの国民まで）からレイシズムを説明することもできる。だがレイシストという主体も生まれながらに存在するわけではない以上、その主体を生み出す人種主義的な制度やイデオロギーによる説明が必要になるだろう。

このようにレイシズムとは、イデオロギー・制度・主体のどれとも深くかかわりつつも、そのどれにも還元できない何かなのだ。レイシズムとは人種主義的なイデオロギー・制度・主体のすべてを横断しつつ、それらを生み出し、そのあり方を条件づける独特の社会関係、つまりは権力関係なのである。

問題は権力の戦略、戦術との関連でみなければイデオロギー・制度・主体の意味はみえてこない、ということだ。

レイシズムを権力として分析する別の利点は、イデオロギー・制度・主体として現われるレイシズムの諸現象が変化した時に発揮される。すでに見た通り、戦後の反レイシズム規範によって欧米では、人種を使って差別する旧タイプから、もはや人種を使わずに人種差別する新たな高等戦術へと移行した。ところがレイシズムをイデオロギー・制度・主体で説明する理論では、イデオロギー・制度・主体の性質や変化に焦点が当たり、それらの背後でそれらを生み出すレイシズムの戦略や戦術の変化をつかめなくなる。「新しいレイシズム」の諸理論はまさにそうだった。だからこそマイルズのいうインフレとデフレが避けられなかったのだ。

だが権力として分析するならば、新旧レイシズムに共通する戦略を明らかにすると同時に、反レイシズムに対応した新レイシズムの戦術的変化をも説明することができる。

権力としてレイシズムを分析するとは、人種化して殺すという権力の基本的な戦略が、人種や文化やナショナリズムや市場原理などを使って具体的に差別を引き起こさせる戦術と、どのようにして支え合い、組み合わさって、実際の差別が起こるのかを、分析するということである。

まとめるとレイシズムを権力として分析するということは、差別をリアルな差別アクセルと反差別ブレーキの対抗関係のなかで分析するということだ。つまり人種差別行為が他の無数の人びとの行為を支えにしている点に着目し、どのような行為が人種差別を支えるのかを分析する。人びとに同じ人間を人種化させ、差別や暴力やジェノサイドを行わせるような効果をもつ特有の行動様式がレイシズムである。その戦略・戦術を見極めなければならない。

そしてこのレイシズムという行動様式に特徴的な近代的な形態がある。それは先にみた、①生きるべきものと死ぬべきものとを分け、②両者に生物学的な関係をつくりだすという、社会的形態である。これは近代の資本主義が生み出した権力である生権力と、国家の主権が出会い、両者が結びつく際に現れる。

†国家レイシズム——生権力と死の権力の結び目としてのレイシズム

フーコーは近代のレイシズムに特有な形態を、人間の「生」に介入する近代の「生権力」と、前近代からの、殺すことで「死」を与える国家の死の権力との、結び目で機能するところにみいだした。

非常に簡単に言えば、ヨーロッパで主に機能してきた権力の形態は、前近代では君主の殺す「死の権力」だったが、近代からは人間の生に介入する「生権力」へと変化してきた。

中世ヨーロッパの封建社会における君主国家は、生産者から富を搾取する際、暴力を背景にして税を取り立てた。土地を占有し共同で耕作する、人口の大多数を占める農民は自給自足の生活をしていたため、生産者の「生」に国家は直接介入できなかった。農民を従わせて剰余生産物を徴収するには、「生」の外部から物理的暴力を用い、最終手段としての「死」をちらつかせるしかなかった。前近代の権力は「剣の権力」で「死」を与えることで服従させた。言い換えれば「殺すか生きたまま放置」する権力だった。

ところが近代になり資本主義によって共同体が解体されると、人びとは自給自足ができなくなるため、賃金を目的とする特殊な労働である賃労働を強いられる。富の搾取は国家の暴力よりも、自分の「生」のために自発的に行う賃労働に依拠することになる。そのため権力の戦略・戦術は「殺す」のではなく、むしろ人間の「生」そのものに介入する方向にシフトした。

一七世紀には自ら進んで服従するが労働の生産性は高いという、資本主義にとって都合のよい身体をつくりあげるための労働の規律テクノロジーが登場した。一九世紀には資本蓄積に合わせて労働力人口の再生産を保障するために出生率や死亡率に介入する調整テクノロジーが生まれた。前者の例は工場や学校での監視やテストを、後者の例は政府統計や医療保険を思い浮かべてほしい。かつて前近代の死の権力がつかまえることができなかった人間の「生」そのものに、いまや積極的に介入する「生かす」権力＝生権力が誕生した。それは「生かすか、死のままに放置する」。

つまり近代とは人間を服従させるために、前近代の死の権力の代わりに、生権力がますます全般化した社会なのである。人間を従属させる権力の戦略・戦術に、いまや巨大な変化が現われた。前近代のように国家の暴力によって「死」をちらつかせて従わせるのではない。共同体を解体した資本主義社会では賃労働をしないと「生」きられないという現実の危険を背景に、「生」きるために資本や国家に自発的に服従するよう身体に規律を叩きこみ、人口を調整する新しい権力の戦略・戦術が登場したのである。

さて問題が残る。近代は生を増大させ保障させる生権力が全般化しているのに、なぜ国家権力の死の権力（軍隊・警察）が存在するのか？「生権力を中心に据えた政治的システムのなかで、どのようにして死の権力を行使するのか？」。フーコーはそう自問した後にこう答える。「そこに、人種主義が介入してくる」と。

つまりフーコーによるとレイシズムは、権力のあり方が人間の「生」を管理する生権力にシフトした近代以後、むしろ非常に重要な役割を果たすことになる。生権力と死の権力の結び目として機能するのだ。人間の「生」に介入する近代的な生権力のもとで、主権国家の死の権力の行使を保障するものがレイシズムである。フーコーは言う。

人種主義を国家のメカニズムに組み込むことになったのは、生権力の出現なのです。そのとき、人種主義は、近代国家において行使されているような形で、権力の根本的メカニズムとして定着した。

「人種主義を経由しない国家の近代的機能などほとんど存在しない」とさえフーコーは述べている。そのため近代のレイシズムは、前近代の反ユダヤ主義や異邦人嫌悪《ゼノフォビア》などとは異なる、途方もないチカラを手にすることになった。これが先に述べたレイシズムの機能だ。

本書にとって重要なことは、前近代にも存在した政治的敵対者を打ち倒す「戦争型の関係」が、近代以降ではむしろ人口の内部・外部から危険を摘発しそれを除去するようないわば「人種戦」となることだ。レイシズムは社会防衛の恒常的な人種戦に人を駆り立てる。

このメカニズム〔レイシズム〕が機能できるとしたら、それは消し去らなければならない敵が、言葉の政治的な意味での敵対者ではなくて、人口に対する、そして人口にとっての、外的あるいは内的な危険だからなのです。

これがエルパソの襲撃犯ほか世界中で頻発するヘイトクライムや極右活動、さらには欧州の右翼ポピュリズムからトランプ大統領に至るまで、口をそろえて「外国人犯罪」の危険性を叫び、「移民排斥」を訴える理由なのである。かれらは正真正銘のレイシズム戦争を闘っているのだ。

本書「はじめに」でレイシズムがナショナリズムと節合することを指摘したが、右のレイシズムの人種戦こそが現代に吹き荒れるナショナリズムの皮下に脈打つものの正体である。「反日」のレッテルを貼ればマイノリティであろうとそうでなかろうと、日本人であろうと容赦なく「死ぬべき人間」という人種にマークされ殲滅の対象となる。

ただしフーコーの議論は本書が考えたい問題にとってはある意味で広すぎるし狭すぎる。広すぎるというのは、フーコーの国家レイシズムの議論は、死刑や「異常者」への処刑などを含めた殺人機能一般を含めているからだ。そのため本書はフーコーが分析した近代のレイシズム形態を前提にしつつも、そのうち人種差別を実際に引き起こし暴力・ジェノサイドへと発展させるものをレイシズムとする。つまり本書は死刑など国家の殺人機能一般ではなくあくまでも人種差別としてのレイシズムに限定して考察する。

また狭すぎるというのはフーコーの議論はあくまでも国家の殺人機能の行使、つまり死の権力と生権力との関連に焦点が当てられていた。しかし本書の第二の留保として、レイシズムを国家権力の殺人機能に限らず、市民社会内部でも、私人による、極右組織や個人によるヘイトクライムや暴力を引き起こす権力として考察する。

このように定義することで、私たちは極右の行動原理をよく理解することができるだろう。一方で極右は国家に成り代わって「天誅」を下す。つまり国家が人口の危険を除去しないから代わりに率先して国家暴力を自分が行使する、というロジックで殺すのだ。

他方で極右は政府を批判し、国家に対抗しさえする。つまり人口内部・外部の人種の危険性を散々主張し、その危険を除去するために国家権力を行使するよう要求する。極右が国家を礼賛するのも、政府批判するのもレイシズムの人種戦として考えれば矛盾はない。

このようにフーコーの議論を国家権力の殺人機能と生権力の関係だけに限定することな

く、市民社会内部の生権力に基づいた暴力やジェノサイドといったレイシズム暴力の組織化の分析に応用する必要があり、それは非常にアクチュアルだといえる。

†「レイシズムとは何か」という知を規定する権力関係――差別と反差別

「レイシズムとは何か」を考えるうえで本書が重視するポイントをまとめておこう。

第一に「レイシズムとは何か」という問いやその答えに関する知のあり方は、人種差別が戦後国際社会によって闘って撲滅すべき社会悪とされ、法や規範で禁止されるという実践的諸関係と切り離すことができない。つまり人種差別としてのレイシズムが禁止されるという実践があるからこそ、「何がレイシズムで何がそうでないのか」の真偽を判別する「真理の体制」がはじめて打ち立てられる。

第二に、「レイシズムとは何か」という問いは、レイシズムがなぜ、どのようにして実際の行為として特に暴力やジェノサイドなどの最悪の事態として現われるのか、という具体的な分析として問われねばならない。さもなければ理論は現実と遊離した知的なパズルとなる。

第三に、そのうえでレイシズムの近代的形態がどのようなものであるかが極めて重要になる。フーコーの議論が教える通り、レイシズムは近代の資本主義社会で、生権力が生きるべきものと死ぬべきものとを分けて殺す際に機能するという死活的な重要性を持つ。

以上を踏まえ本書ではレイシズムという言葉を、ありもしない人種をつくりだし（人種化）、命を奪うレベルにまでそれら人種差別行為に人々を駆り立てる権力という意味で用いる。人種差別撤廃条約が禁止する人種差別行為であるとともに、近代的な生権力によって行使され、生きるべきものと死ぬべきものとを分けて、実際に殺すことを可能にする行為の様態を指す言葉――これが本書のいうレイシズムだ。

しかしこう定義するだけでは、何もわかったことにはならない。むしろ人種差別がどのように他者の命を奪うのか、それを可能にするのはどのような具体的な力関係であるかを、具体的に分析すべきことを教える――その時にはじめてこの定義は役に立つ。

そうすることで既にみた「新しいレイシズム」を形式的な正否ではなく、実践的な意義をふくめて深く理解することができる。それは反レイシズムという新しい対抗的な力関係の登場によって、レイシズムの戦略・戦術が変更を強いられた結果生じたイデオロギー・制度・主体の変化につけられた名前だったのである。

人種の存在が全否定され、人種に結びつける差別言説を使用することが「レイシズムだ」として批判を浴びるようになったからこそ、たとえば英国では入管法の厳格化とナショナリズムを利用した。フランスでは共和主義を隠れ蓑にした移民排斥が起こった。そして米国では市場原理の形式的平等を根拠にした差別が起こったり「逆差別」攻撃のバックラッシュがおきた。つまり戦後の反レイシズムという力関係によってはじめて起きたレイシズム側の制度的・イデオロギー的・主体的な変化について、社会運動や研究者らが新しい名前をつけようとして、「新しいレイシズム」「差異主義的レイシズム」「制度的レイシズム」「象徴的レイシズム」等の概念をつくり、新しい分析を試みたのであった。

このように考えればレイシズムという概念が、ほとんどレイシズムを批判したり無くそうとする運動家や研究者によって使われていること、そういう意味では論者の立ち位置は「中立」でも「客観的」でもない理由がわかるであろう。このことは善悪の価値判断以前の、誰一人として逃れることのできない現実である。だからこそ私はフレドリクソンのいう「人種主義への批判が一般的な原則である私たちの時代にあって、もっとも実りある姿勢は臨床的《クリニカル》＝分析的なものだろう」という指摘に賛成する。[19]

つまり中立・客観的立場からレイシズムを分析することはできない。しかしだからといってレイシズムの分析を、人種差別の被害や酷さや被害者の苦しみを可視化して記述するだけで終わったり、加害者や無関心な世間を糾弾するだけで終わるのも間違いである。反ユダヤ主義と黒人差別の歴史をトータルに分析するという、勇気あるとともに有益な研究を行ったフレドリクソンの次の言葉を、本書も座右の銘としたい。

人種主義を研究する歴史家や社会学者の責任とは、道徳的に扱うことや非難することではなく、より効果的に取り扱うことを可能にするために、人種主義の有害性を解釈することである。それは癌の医学研究者が癌を道徳的に扱うのではなく、治療法を示すことと同じことなのである。

本書がレイシズムをイデオロギー・制度・主体として定義することを避け、権力として分析する立場をとるのはここに理由がある。そうすることでレイシズムをイデオロギー・制度・主体などに固定して定義する他の理論が、なぜ、どのようにしてそのような定義をするに至ったのかという権力関係からつかむことを可能にするからだ。つまり「レイシズムとは何か」という問いに直接答える代わりに、人々が発した「レイシズムとは何か」という問いの背後に回り、なぜ、どのようにしてそのような問いを立てたのかを問う。

そしてこのことは日本のように反レイシズムがほとんど存在しない社会で、これらレイシズムに関連する概念や理論を無批判に輸入することの危険性に気づかせてくれる。

次章で見る通り、欧米の理論は、基本的反差別ブレーキを勝ち取った社会で、それに対応してレイシズムの戦術が変更されたことを所与の前提としている。それを社会科学の理論によっていかに理解するかが問われている。したがってそれらの焦点は旧来のレイシズムとの差異に当たっているのは当たり前であるし、差別禁止法や多文化主義やアファーマティブアクションでは対処ができない諸問題が実践的な課題としてクローズアップされ、それらの問題点が批判されているのも当然である。

勝ち取った反レイシズム規範の限界や問題点を批判しようとするこのような「新しいレイシズム」論を、あたかも「客観的」な学問であるかのように無批判に、反差別ブレーキさえない日本に輸入するとどうなるか。日本ではむしろ反差別ブレーキの不在や差別禁止法のなさ、ごく基本的な反差別の重要性をむしろ覆い隠してしまう知の効果を生み出すことになるだろう。欧米の最先端の理論から学ぶのはよいが、日本が反レイシズムのない社会であることに無批判的である限り、それら輸入された知は、日本ではむしろ反レイシズム規範を打ち立てることを妨害する効果さえ持つ。

試験管の中の化学反応を外から眺める研究者のようなやり方で、レイシズム現象を観察することはできない。試験管の中に閉じ込められているのはあなたであり私たちだからだ。私たちの行為しだいでレイシズム現象は変わるし、とくに私たちの反レイシズムによってレイシズム現象は変わってしまうという現実が、レイシズムの分析を困難にも容易にもする。

レイシズムを分析する万能の理論など存在しない。レイシズムは常に具体的な状況で具体的な権力の戦略・戦術に規定されている。これを分析することが本書の課題である。

第三章

偏見からジェノサイドへ——レイシズムの行為

前章でレイシズムを人種化して殺す権力として定義した。しかしこう定義したところで実は何もわかったことにはならない。問題はレイシズムがジェノサイドや暴力といった最悪の破壊行為にまで、なぜ、どのようにして結びつくのかだからだ。レイシズムを具体的行為に結びつける社会的効果である差別アクセルを本章で分析しよう。なお、レイシズムの行為への転化を妨害し抑制する反差別ブレーキについては次章で扱う。

†レイシズムのピラミッド

レイシズムは「朝鮮人は反日だ」と思いこむような偏見から、ヘイトクライムやジェノサイドといった最悪の事態まで、さまざまな形をとりうる。

多様な形として現われるレイシズムを、軽微なものから深刻なものへと五つのレベルに

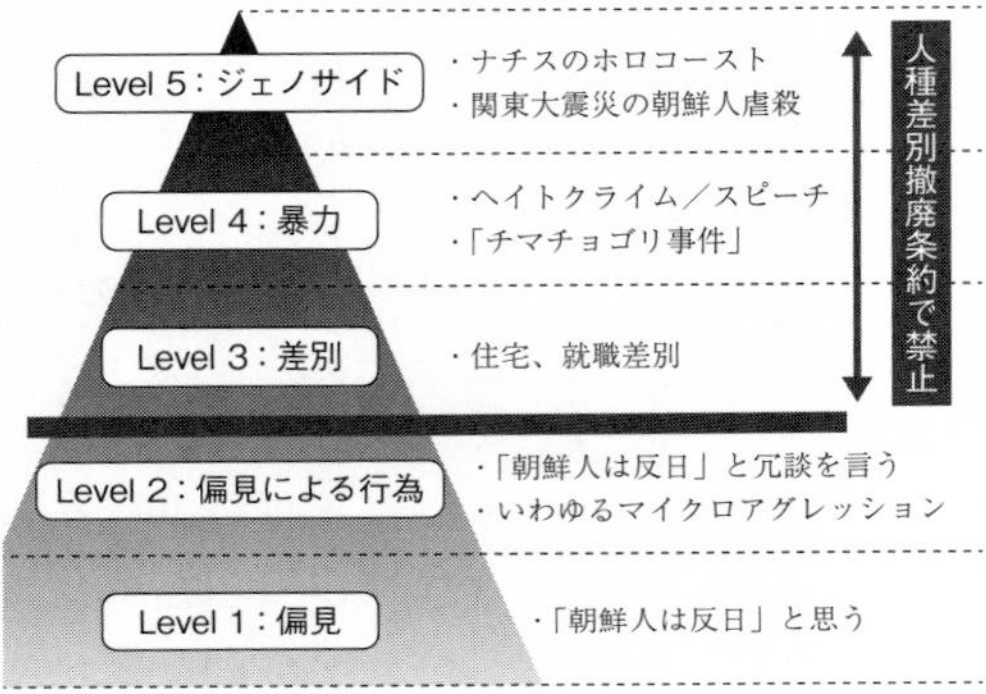

図表２　レイシズムのピラミッド[1]
出典：ARIC「キャンパス・ヘイトウォッチ・ガイドブック」

分けて、下から上に並べた「レイシズムのピラミッド」をみてほしい（図表2）。

先にレイシズムを人種化し殺す（死なせる）権力だと定義した。レイシズムの権力が作動して止められなくなると、人種の分断線は容易に生死選別の基準となり、偏見（レベル1）から差別（3）へと、差別から暴力（4）そしてジェノサイド（5）へと激化してしまう。

†レイシズムは常に差別行為として現われるわけではない

しかしたとえレイシズムが人種化して殺す権力であったとしても、それは常に暴力やジェノサイドを引き起こすわけではない。ヴィヴィオルカは『レイシズムの変貌』で「偏見は必然的に行動に移るわけではない」という重要な指摘をしている。

一九三四年の米国白人の研究者ラピエールの古典的な研究で、彼は人種隔離が公然と行われていた米国を中国人カップル二名と一緒に二年間旅行し、合計で六六のホテルと一八四のレストランを利用した。だが一件を除いて利用を断られなかった。しかしラピエールがその後、利用したホテル・レストランにアンケートを郵送し中国人を拒否するかという質問を行ったところ、回答の九割以上が中国人客を断るかもしれないと答えたのである。

つまり実際には米国白人男性と同伴だとほとんど断られないのに、アンケート調査ではほとんど断られたのだった。この有名な研究を引いてヴィヴィオルカは「偏見から行動への移行には、特に政治とモラルの面で条件が揃うことが必要だ」と言った。[2]

つまり偏見(レベル1)から差別行為(レベル3以上)への移行には、「特に政治とモラルの面で条件」がそろう必要がある。レイシズムが実際の差別行為以上に現象するには、その差別や暴力行為の背中を押すアクセルのような効果をもつ社会的条件が必要なのだ。

逆にブレーキ効果もある。全く同じラピエールの研究についてゴードン・オルポートが次のような有名な指摘をしていた。

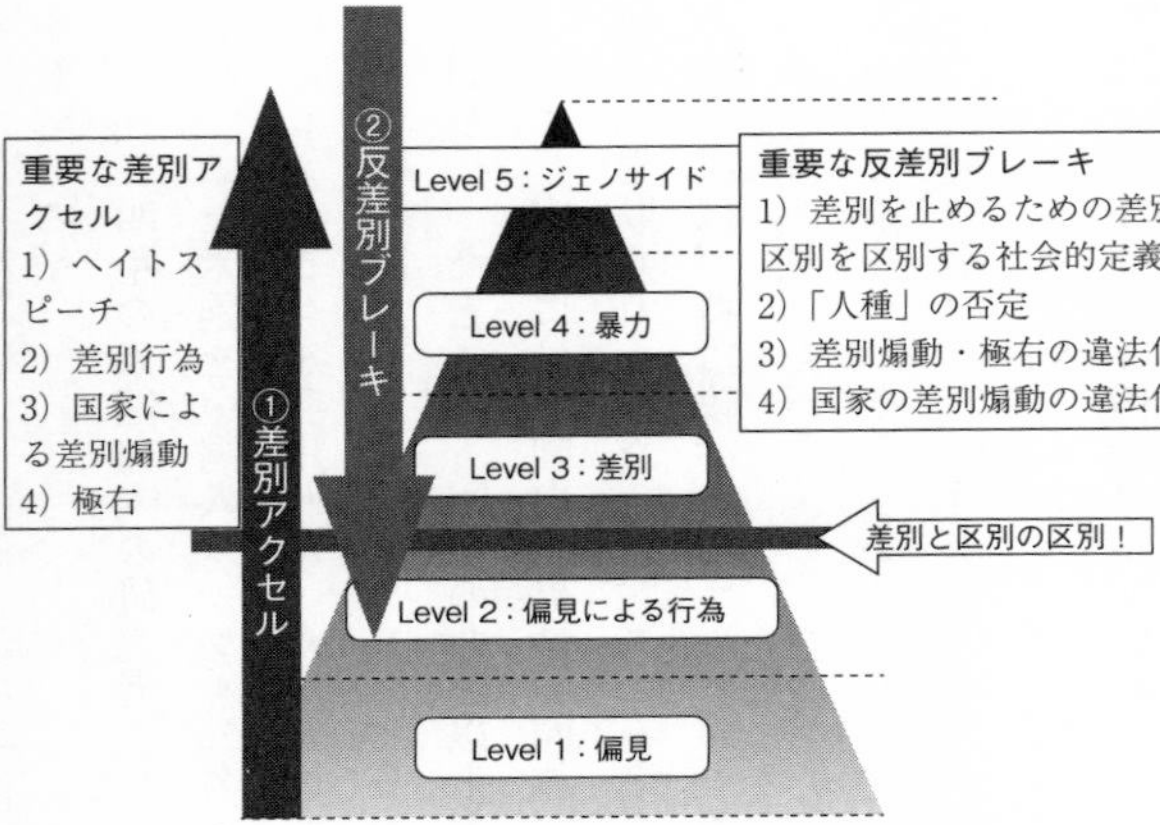

図表3　差別アクセルと反差別ブレーキの対抗関係

一方には法律と良心とがあり、他方には慣習と偏見があるというはっきりとした葛藤が存在する場合は、差別は主として潜在的で間接的な仕方で行なわれ、当惑をもたらすような対面状況においては、元来、差別は行われない[3]（強調引用者）。

個人のレイシズムに基づいた偏見があっても、それが反差別の法規範や道徳と対立し、「はっきりとした葛藤が存在する場合」には、差別は「潜在的で間接的な仕方で行なわれ」、気まずい「対面状況においては、元来、差別はおこなわれない」という。

このように差別を止める効果、とりわけ加害者の差別する自由を規制する効果を本書では「反差別ブレーキ」とする。逆に、加害者が差別する自由をつくりだし、その自由を行使して差別行為や暴力あるいはジェノサイドを実行させる効果を持つ社会的条件を「差別アクセル」とする。

これら差別アクセルと反差別ブレーキの対抗関係こそ、差別が行為となるか、偏見に留まるかを決める（図表3）。

差別は「心の問題」だと思われがちだが、そうではなく、差別はリアルなチカラ関係によって条件づけられている。差別を人間の心の荒廃だと嘆いても世界は絶対に変わらないが、差別を引き起す権力関係を直視して分析することは世界を変える道を拓く。どんな条件が差別アクセルとなり、どんな条件が反差別ブレーキとなるのかを手堅く分析することで、差別を実際になくしていける道をはじめて拓くことができる。

†差別アクセル——加害者の差別する自由をつくり出す権力の効果

では何が差別アクセルとなるのか。具体的状況によって様々だが、本書ではあえて①直接の利害関係と②差別煽動の二つに大別して考えよう。

①の利害関係に強いられる場合とは、たとえば上司の命令で採用担当が日本人ではない

者を書類選考で落とすように強いられるケースや、グローバル化で衰退する地方の農家が時給三〇〇円で酷使可能とも言われる外国人研修生（外国人技能実習制度）に依存するケースがこれにあたる。あるいは結婚差別である――在日コリアンと日本人が恋愛まではうまくいっていても、いざ結婚の段になると親や親族の猛反対にあって、破談するケースは残念ながら珍しくない。

いざ面と向かって差別するには、その社会の反差別ブレーキというハードルを越えねばならない。それを破るのが「さし迫った利害関係」である。結婚差別であれば、親や親族との長年のトラブルになるなどの、具体的な「さし迫った利害関係」が差別アクセルとなり、実際の差別行為を実践させるのである。これらは普段は良心的に差別に反対しようと意識している人でさえ、いざ利害関係によって強いられた場合、差別行為に出るよう強くアクセルを踏まれてしまうようなタイプの差別である。

そしてこの利害関係による差別アクセルのなかで最も強力なのが、資本主義経済の利害による差別アクセルだ。先の例で言えば、就職差別を行わないと業務命令に背くことになるとか上司との関係が悪化するとか、研修生を導入しレイシズム的人身売買に加担しなければ採算が取れず廃業を迫られるなどである。

†加害者にとって暴力が正当であると思える社会的条件――差別煽動という差別アクセル

「はじめに」で紹介したエルパソでの銃撃事件を思い出そう。実行すればカネがもらえるわけでもなく、実行しないとクビになるなどの利害が絡んでいたわけでもなかった。

国家の犯罪取り締まりというブレーキを突破してまでも、人種差別を暴行、傷害、放火、拉致、監禁、拷問、集団リンチ、レイプ、殺人といった暴力にまで駆り立てるものは何か。それが差別煽動という②の差別アクセルだ。それはレイシズムのピラミッドを上へ上へと特段の利害関係がなかろうと、いわば意識的・計画的・組織的に、引っ張り上げる。

差別煽動こそレイシズムが人種化して殺す際のカギとなる権力関係だ。ヴィヴィオルカは差別が特に暴力に結びつく条件について次のように指摘した。

> バラバラに起きているように見える個人の暴力も社会学・政治学的に分析すると、社会・政治・制度と関係ないところで発生するのではなく、その暴力を可能にし、時に加害者の目には暴力が正当だと映るような条件で起きる[4]（強調引用者）。

暴力を取り締る国家のブレーキを突破してまでも暴力（レベル4）を振るうには暴力を実現「可能に」し、実行者にとって暴力が「正当だと映るような条件」が必要である。

この条件を人種化して殺す「権力としてのレイシズム」が提供する。社会防衛のため人口にとっての生物学的危険を内外から摘発し除去すべきだというレイシズムの正義こそ、偏見や差別を、暴力やジェノサイドに引き上げる。

ただしここでいう「権力としてのレイシズム」が抽象的な論理や傾向ではないことに注意しよう。論理は人を殺さない。レイシズムが暴力として行使されるには、極めて具体的な戦術・技術によって支えられねばならない。これが差別煽動だ。どの人種が危険で、人口内外のどこにその人種が潜み、どのように人種を判別して摘発するか、そしてどのような差別・暴力や組織性によってそれを駆除するか等、極めて具体的で詳細に富んだ細部の戦術・技術こそ、普段の偏見や差別が暴力やヘイトクライムを引き起こす条件となる。

差別煽動としての差別アクセルは多様であるが、あえて四つにまとめて説明しよう。①ヘイトスピーチ、②差別行為それ自体、③政治（特に国家）による差別煽動、④極右だ。

†差別煽動①ヘイトスピーチ

ヘイトスピーチは単なる差別発言ではない。レイシズムが暴力行為やジェノサイドになり人を殺すとき、実際にその支えとなる言説なのである。

第一章でみた科学的人種理論も、人間を人種化し、人々が人種差別を実践する際のモノサシとして用いられた。言説としてのヘイトスピーチもまた実際のレイシズム暴力にとって支えとなる。特に重要なのは次の三点だ。

第一にヘイトスピーチは人種を危険と結びつける。

たとえば関東大震災時の朝鮮人虐殺で「朝鮮人が井戸に毒を投げた」というヘイトスピーチは実際にジェノサイドの発生にとって極めて重要な支えとなった。それはこの言説が単に朝鮮人＝投毒犯という差別を拡散したからではない。水道普及率が低く飲み水や生活用水として重要な井戸に毒を入れたということで、井戸水が無ければ生きられない日本人の人口にとっての生物学的危険として「朝鮮人」という人種を名指ししたからだ。だからこそ社会防衛のために朝鮮人を殺すことは日本人の人口を救うための正義となる。

また歴史家の姜徳相は地震後に井戸水が濁るため、被災者に「井戸水を飲んではいけない」ということを徹底する必要があったことが、右の「朝鮮人が井戸に毒」というヘイトスピーチを生み出し、より一層拡散させる条件となったことを指摘している。[5] このことは社会が実際に戦争や災害など危機に立たされた際、人々が生き延びるのに必要なインフラ等の条件にリンクさせたヘイトスピーチほど、レイシズムの煽動効果が高く暴力やジェノサイド誘発性が高くなりやすいことに気付かせる。

第二に、ヘイトスピーチは具体的な敵を名指しする。誰を差別すればよいかを指し示す。関東大震災時の朝鮮人虐殺では実際に「十五円五十銭」と発音させるなどの朝鮮人識別法が――韓国併合後に日本官憲によって作成――官憲主導で自警団に普及したが、これは「死すべきもの」を選別するマニュアルとなった。

「人種」名を出さずとも、ほのめかすだけで十分効果がある。例えば当時東大教員だった三浦瑠麗が二〇一八年にフジテレビで実際に戦争が始まったらとして「スリーパーセル」が「指導者が死んだっていうのがわかったら、もう一切外部との連絡を断って都市で動き始める」「テロリスト分子がいる……今ちょっと大阪やばいって言われていて」と語った。

彼女はスリーパーセルが在日コリアンだとは一切言わなかった。にもかかわらずSNSで在日コリアンへの差別にこの語を用いるヘイトスピーチが頻発し、二〇一八年の大阪地震直後には「大阪の地震のどさくさに紛れてスリーパーセルや不逞《マ》鮮《マ》人が活動起こす可能性がある!! 真の日本人は三浦瑠麗先生がおっしゃっていたスリーパーセルに警戒を!!」

などの差別が無数に誘発された。実生活でも次のような差別が煽動されている。

三年ほど前の、ある日。彼女のルーツを知っている年上の女性の友人から、突然こんなことを言われた。／「あなたは、祖国と日本のどっちの味方なの？」／すごく仲が良いと思っていた。だからこそ、ショックは大きかった。／女性は言った。日本には「スリーパー・セル《ママ》」が潜んでいて、国家の転覆をはかっているのだ、と。だからこそ、「今はっきりしとかないと今後あなたは日本にいられない」と。

車いすの詩人であり朝鮮半島にルーツを持つダブルの豆塚エリの体験である。[6] このように直接の差別表現を用いずとも、差別する人びとからすれば十二分に明白な、人種差別を煽動するヘイトスピーチがある。これは第二章でみた「犬笛」であり、欧米では反差別規制をかいくぐる高等戦術として批判される。

第三に、ターゲットを特定するだけでなく、具体的に差別するマニュアルを提供する。爆弾のつくりかたや、テロリズムの方法だけではない。差別の仕方から、逮捕されないで相手を追詰める方法、さらには差別する社会運動の作り方まである。第六章で述べるがS

NSでのヘイトスピーチには攻撃先の電話番号やFAXやメールアドレスを拡散し差別を呼びかけるものが横行している。悪名高いヘイト本である山野車輪『嫌韓流』や『大嫌韓流』では実際に大学生の主人公らが大学で極右サークルを結成し、歴史否定論を使った「ディベート」で在日コリアンを「論破」するやり方を伝授したり、さらには極右組織を結成しツイッターやユーチューブを駆使して学生層をオルグ（組織化）する方法を普及させている。それらは読者が五分もあればすぐに匿名アカウントを使ってSNSで真似ができる。ヘイトスピーチはレイシズムの人種戦に最もカジュアルに、安全圏から、ボランティアで参戦を呼びかける招集でもあるのだ。

†差別煽動②差別行為

差別行為は実際に行われることで差別アクセルとなり、他の誰かの差別行為の支えとなる。これは先にみたSNSでのヘイトスピーチが一番わかりやすい。一旦ヘイトスピーチが投稿されるとすぐに拡散され、コピーアンドペースト（コピペ）で増殖したり、あるいは議論を呼ぶ。その過程で第二、第三、第四……の差別の連鎖が続き、ときに炎上する。オンラインだけでなく、よりハードルが高いはずの物理的暴力についても、差別は差別の支えとなる。欧米で頻発している白人至上主義者のヘイトクライムは、過去の黒人教会爆破や銃乱射事件を模倣しているし、犯行声明を通じて影響を与えあう。

たとえば二〇一九年三月にニュージーランドのクライストチャーチのモスクで五一名の死者を出した白人至上主義者による銃乱射事件では、移民を「侵略者」と呼ぶ七一頁におよぶ犯行声明が掲示板サイト8chにアップされた。そこには二〇一一年ノルウェーのオスロで移民が多く参加する労働党青年部の合宿場で銃乱射事件を引き起こし七七名を殺した白人至上主義者ブレイヴィクの事件に衝撃を受けたこと、また二〇一五年の米国南部チャールストンの黒人教会での銃乱射事件の犯行声明にも影響を受けたことが書かれていた。

一〇〇%オリジナルな差別などおそらく存在しまい。差別とは過去の差別行為のアレンジを加えた模倣である。だからこそ差別現象をバラバラに起きる偶発事としてではなく、互いを支えにしあう一連のレイシズム行為の連鎖プロセスとして分析してみる必要がある。

要するに差別行為は差別のタネをまき散らす行為でもある。もし責任を取らせるなら、差別した人物には「反省」を求めるよりはるかに、自分がまいた差別のタネを回収し、芽を刈り取る反差別行動をさせたほうがよい。たとえるならコップを割った者に破片を片付けさせるのと同じだ。「反省」しても破片を片付けない者は「反省」していないはずだ。

†差別煽動③政治（特に国家）による差別煽動

最も大きな差別煽動効果を持つのが政治による差別煽動、特に国家による差別煽動である。生きるべきものと死ぬべきものとを分けるレイシズムが、社会防衛の名のもとに国家の暴力装置である軍隊や警察によって実践されるときほど、レイシズムが大量の殺戮を行うものもない。以下、政治による差別煽動をみておこう。

最も有名なジェノサイドである第二次世界大戦時のナチによるホロコースト、九四年のルワンダ虐殺、あるいは旧社会主義国で発生したソ連のグレートテロルやカンボジア大虐殺、そして日本の一九二三年の関東大震災時の朝鮮人虐殺や四五年の沖縄戦での日本軍による住民集団強制死もそうである。これらは例外なく国家権力という軍隊や警察が虐殺を主導し、自警団はじめ庶民の暴力を煽動したために、大規模なジェノサイドが起きた。

日本の関東大震災時の朝鮮人虐殺は庶民が震災パニックで引き起こしたのでは決してない。もしそうならば震災被害がより酷かった横浜中華街でなぜ中国人ジェノサイドが起きなかったのか説明がつかないだろう。この事件は大日本帝国の差別煽動によって世界史上に記録されるジェノサイドに発展した。国家による差別煽動が虐殺を引き起したメカニズムを二点指摘しておこう。[7]

第一に国家は朝鮮人と「放火」「爆弾」所持などを結びつけたデマであるヘイトスピーチを全国に流布させて、「臨戦か内乱」でしか本来出せない戒厳令発布（九月二日夕公告）を強行した。国家がデマとヘイトスピーチを公認し、しかも軍隊が国家の一部あるいは全部を掌握する権限を許す戒厳令と結びつけたことで、「朝鮮人」という人種は国家公認の殺すべき「敵人種」とされた。

第二に軍・警察・憲兵が率先して朝鮮人を虐殺し、生きた朝鮮人は総検束した。重要なことは国家の虐殺行為が、庶民の虐殺行為を煽動したことである。たとえば当時軍人として虐殺の作戦に従事した記録を残した「久保野日記」には九月三日東京大島で「軍隊が到着するや在郷軍人等非常《ママ》なものだ。鮮人と見るや者《ママ》も云わず、大道であろうが何処であろうが惨殺してしまふた。そして川に投げこみてしまう」と記録されている。軍の到着がジェノサイドの「GOサイン」となった。姜徳相は「戒厳兵士の交戦実況を目撃して、一般市民が朝鮮人は帝国の敵であると「確信」したことは想像に余りある」と指摘している。「当時、村の人たちはみな戒厳令下だから、朝鮮人を捕《原文ママ》えれば金鵄勲章を貰えると思い込んでいた[8]」という証言が残されているように、これら国家の差別煽動が庶民のレイシズム暴力を「可能に」し、そして「加害者の目にはその暴力が正当だと映るような条件」となった。だからこそ当時関東一円に二万人ほどしか記録されていない朝鮮人のうち数千名規模が殺害されるという前代未聞のジェノサイドが組織されたのである。

政治による差別煽動は莫大な効果を持つ。だがこれはジェノサイドに限らない。

たとえば米国でトランプが二〇一六年一一月に大統領に当選して以降、FBIのヘイトクライム統計は急増している（二〇一五年度から一七年度まで三年連続で増加しており、特に二〇一七年度は前年度比一七％の急増。最新の二〇一八年度は前年度比〇・七％の微減）。トランプの差別煽動とFBIヘイトクライム統計に無視できない相関関係があるとカリフォルニア大学のブライアン・レヴィン教授は非難する。[9] たとえば二〇一五年にカリフォルニア州でイスラム教徒による一四名を殺害した銃撃事件が起きた直後、トランプは「一体何が起きているのかを明らかにできる」まで「米国へのイスラム教徒入国の一切を完全に禁止」しようとキャンペーンを張った。その直後の一〇日間で報告されたイスラム教徒とアラブ系に対するヘイトクライムは全国的に二三％跳ね上がったという。

また二〇一七年、奴隷制を擁護した南軍のリー将軍銅像撤去に「抗議」する名目で白人至上主義者が初の大規模集会を試み、プロテスターと衝突して死者も出したヴァージニア州のシャーロッツビル事件でトランプは当初明確に差別・極右を非難せず、両者を等しく扱ったが、この八月には全国のヘイトクライムが六六三件という最近一〇年間で二番目に高い数値をはじき出した。トランプがヒスパニックやイスラム教徒はじめ移民排斥を武器にしてヒラリーを破って大統領に当選した二〇一六年一一月には、七五八件と一〇年で最高値を記録した。

公民権運動によって培われた米国の反レイシズム規範に、あえて真っ向から挑戦するタブー化された差別と反PC（ポリティカル・コレクトネス）を選挙戦術として用いることで、マイノリティはじめ大多数の良識派から徹底的に批判されると同時に、過半数には満たないが当選ラインは確保できるだけの熱狂的な票田を白人の労働者・中間層から確保する。これが民主・共和党の二大政党制の米国では極めて効果的だった。そしてトランプは再選を狙ってこの戦術をより一層過激化させた。トランプ陣営はフェイスブックで、南部国境を越える移民について言及する際に「侵略」という言葉を使った広告を二〇一八年五月以降およそ二二〇〇件も打ってきた。

「はじめに」で触れたエルパソの犯人が一〇〇〇キロも自動車を運転し「メキシコ人」を「できるだけ殺したかった」のはなぜか。右のような選挙戦術のためトランプが「不法移民の侵略」の危険性を訴え続けた差別煽動効果がその支えとなったのは間違いない。

英国ブレグジット後にもヘイトクライム統計は急増した。このように国家や公的な政治空間で行われる差別やヘイトスピーチは、市民社会のレイシズムを激しく煽動してしまうのだ。欧米では差別禁止法・政策によって差別事件の統計が日常的に警察や行政によって機械的に収集され公表される。だから政治空間での差別がニュースになり市民社会の差別も統計として公表される社会では、両者を結び付ける知をつくることで、政治による差別煽動を可視化し、批判する抵抗が可能であるし実践されている。

差別の政府統計もとられていない日本では政府による差別煽動が見えなくさせられているが、日本政府によるたとえば朝鮮学校を狙い撃ちにした高校無償化や幼保無償化除外が市民社会の朝鮮人差別を増大させていることは明白である。

日本の国家による差別が社会の差別を煽動していることが明白になった事例に、沖縄の「土人」発言の例がある。私が代表を務める反レイシズム情報センター（ARIC）では二〇一六年一一月一五日のサッカーW杯予選の日本vsサウジアラビア戦に関するツイッターでの差別を監視するヘイトウォッチをしていたところ「土人」という差別語を使った差別ツイートが急増していた（「サウジアラビアの金猿ども。土人出し過ぎ。抗議ばかりで馬鹿まるだし。ほれ五億だぞ」など)。一九〇件の差別ツイートのうち実に四六件が「土人」を含んでいた。その背景には前月一〇月一八日に沖縄県東村高江での米軍基地建設現場で機動隊が市民運動に吐いた「土人」なる差別的暴言がある。なおそれ以前のW杯予選では「土人」を含む差別ツイートは皆無だった。[10]

非暴力直接行動によって米軍基地建設に抗議していた沖縄県民に対して、暴力を行使して弾圧することを公務としていた機動隊員が、その公務中に「土人」という差別語を吐いて相手を罵倒した。この事件は、機動隊員が目の前の相手を暴力行使しなければならない、つまり相手を人種化して殺してもよい敵人種として扱うなかで起きただけに、非常に深刻であった。[11]それだけでなく無批判に事件がマスコミによって社会に垂れ流され、鶴保庸介沖縄北方相が一一月八日に「人権問題であるかどうかの問題を第三者が一方的に決めつけるのは非常に危険なことだ。言論の自由はどなたにもある」と「土人」差別を擁護した。日本政府や大阪府知事などによってこの「土人」差別がむしろ擁護されることで、このレイシズムに基づいたヘイトスピーチは政府や知事の「お墨付き」を与えられ、レイシズム煽動は正当化されたのである。

これは氷山の一角にすぎまい。英国のように教育機関で差別統計がとられていたら、この「土人」発言がきっかけでたとえば小中学校で「土人」という言葉をつかった差別やいじめが急増していたことが判明していた可能性は大いにある。

†レイシズム暴力発展の四段階

以上のように政治による差別煽動こそ最も脅威である。だから市民社会から政治社会へのレイシズムの浸透に最大の注意を払わねばならない。最後にとりあげる差別煽動④極右の進出に着目したヴィヴィオルカは、レイシズムが政治社会に浸透する段階を四つに分けて分析した（図表4）。四段階を要約して「レイシズム発生」と「レイシズムの政治化」の差異を本質的区分としている。「政治空間（本書がいう政治社会）に組み込まれると、レイシズムへの動員に新たな展望が開けるという意味で、レイシズムの政治・制度レベルへの到達は決定的」だ（図表5）。

ただしフランスの穏健な中道派の社会学者であるヴィヴィオルカは、国家をあくまでも市民社会のレイシズムを規制しとりわけ極右を規制するものと想定している。つまり彼は国家が最初からレイシズムを煽動する事態を想定していない。ナチとその台頭によって国家が簒奪されファシズム化が起こったという欧州的な歴史の見方に加え、「人権の祖国」

たる共和国フランスが人種差別をする主体として想定されにくいことに注意しよう。

ここで重要なのは前項で述べた通り国家のレイシズムは絶大な差別煽動効果を持つだけでなく、他方では限界はあるものの国家は反レイシズム法制や政策によって差別特に暴力行使を相当抑止することもできるという両義性である。

彼は国家の行動がレイシズム暴力の組織化に決定的であることを次のように強調した。


マックス・ヴェーバーの有名な表現を借りれば、レイシズムの暴力は何よりもまず、正当な暴力行使を独占する国家に規定されるのである。それゆえ国家は暴力の発生に必然的に関与するし、また国家が暴力にどう対応するかによって、レイシズムの暴力の増大や減少が定まる以上、それに責任を負っている。[12]

ヴェーバーは近代国家を、国家以外の主体が行使する暴力を非合法なものとして実効的に取り締まることによって、自らの領土の中でただ国家のみが「正当な暴力行使を独占」するとした。それが国家に可能なのは言うまでもなく領土内で最高・最大の暴力（警察・軍隊）を持っているからだ。

4. レイシズムの全体化	レイシズムは「社会全体に浸透し特に国家の頂点に到達」する。
3. レイシズムの政治化	レイシズムが「制度内に浸透し」差別・隔離を一定程度促し「制度的レイシズム」を強化。レイシズムが「政治論争のテーマ」となり「政党が、人々の情動を煽り、方向付け、激化させ、政党のプログラムや主張の中心にこの問題を位置付ける。こうしてレイシズムの思想は、もはや周縁的なものでもあまりに過激なために常に周縁化されがちな運動や集団に固有なものでもなくなって、政治空間に浸透する」。「人種思想を拒絶する政治家もレイシズムを積極的に議論せざるをえなくなり、政治論争の枠組み自体にも影響を及ぼすようになる」。
2. レイシズム発生	「かなりきちんと組織され、明白に主張」される。「世論調査には人種差別的な意見や偏見がはっきり現れ、レイシズムのイデオロギーや主張が一部の関係者や極右組織を超えて広まる」。六〇年代末の英国。「もはや周辺的、二次的な現象ではなく、深刻な現実であるが、政治空間にはまだ入り込んでいない」。
1. レイシズム以前	「レイシズムは弱く、その表現には一見、統一性がない」。偏見に行動が伴わず、暴力発生が地域的に限定。レイシズム煽動も周辺的で一部の関係者以外には知られない。「特に、レイシズムの様々な形態はそれぞれ結びついておらず、うちわで発される人種差別的な政治イデオロギーの言説、社会内部または異文化の関係が緊迫するなかで発生する人種的暴力行為」の間に「明確な関係を見出すのは不可能」な段階。

図表4　レイシズムが政治社会に浸透する4つの段階

出典：ヴィヴィオルカ『レイシズムの変貌』100-103頁のレイシズムの4つのレベルを参考に著者作成。引用は同書より。

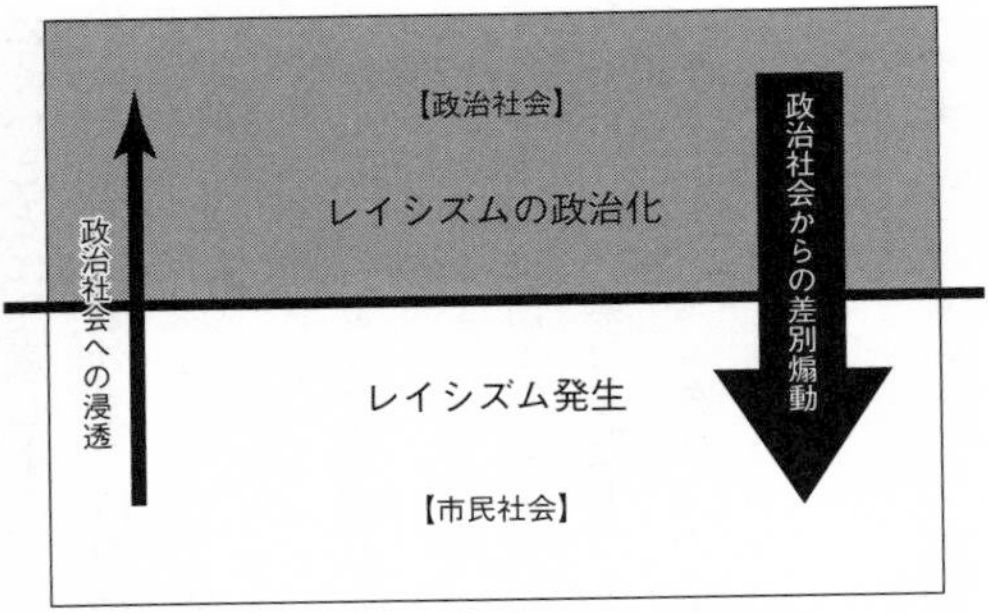

図表5　レイシズムの政治社会と市民社会の関係

しかし他方で国家は、自分以外の暴力（あるいは活動やその組織そのもの）を実効的に取り締まることを通じて、非国家暴力の正当性を奪う。たとえば日本でも暴力団の暴力が、欧米では極右のヘイトクライムが国家によって実効的に取り締まられるため、その正当性を否定されている。逆にそれら暴力が事実上黙認されていたり、警察が捜査もおざなりにしているような場合、暴力団や極右の存在はおろかその暴力さえ正当化されるだろう。

ここから三つの帰結が生まれる。第一にレイシズムが暴力以上に発展するか否かが決定的な意味を持つ。暴力に発展すると（たとえ反レイシズム政策がゼロであったとしても）一般に刑事事件とされ、それだけで国家による取り締りの対象となるからだ。

第二に、国家の行動は、レイシズム暴力をどれほど実効的に取り締まるかによって、社会のレイシズムの正当性を左右する効果を持つ。レイシズム暴力を、一般の暴力以上に厳しく取り締まることで――後にみるようにこれはヘイトクライムとして実際に欧米では量刑を加重することで厳罰化されている――明確な反レイシズムのメッセージを国家は市民社会に送ることも可能である。あるいはレイシズム暴力を暴力一般と同じように扱うことで、レイシズムを容認することもできる。さらにはレイシズム暴力を国家が放置したり、あるいは暴力一般よりもあからさまな寛容さをみせるようなことがあれば――たとえば現行犯で逮捕しない、警察の目の前で暴力が振るわれる、被害届を受理しない、捜査を遅らせる、刑事事件の判決も量刑で差別が考慮されない等――それはレイシズム暴力にある種の正当性を与え、そのことによってレイシズムそれじたいにも正当性を与えてしまう。

そして第三にこのような国家の反レイシズム的行動は、極右への対処にも当てはまる。

†差別煽動④極右

「レイシズム発生」から「レイシズムの政治化」への移行はどのようにして起こるのか、また逆にそれはどのようにして阻止しうるのか。そのカギを握る決定的なアクターが第四の差別煽動である極右だ。極右は①差別②ヘイトスピーチを組織してレイシズムを暴力へと転化させる。しかも選挙への政治進出やキャンペーンなどを通じて③政治特に国家の差別煽動のあり方に影響を及ぼし、レイシズムを劇的に増大させ社会を破壊させる。

この問題を考えるには、イタリアの共産主義者アントニオ・グラムシの陣地戦やヘゲモニー実践そして知識人論が重要だろう。ドイツの極右インテリはネオナチ規制をかいくぐるためにグラムシを研究しているし、「ゲイが大統領に当選できる国ではない」等と数々の差別を煽動して[13]トランプを支持する米極右ラジオ・パーソナリティのラッシュ・リンボーもまたグラムシを愛読している。

ムッソリーニ政権下の一九二六年に投獄されたグラムシは死後公開された『獄中ノート』で独創的なマルクス主義理論を練り上げた。彼は国家を軍隊や警察等の暴力装置だけでなく市民社会にも浸透するヘゲモニーとしてもとらえた。国家の暴力装置と直接物理的に闘う「機動戦」と区別して、市民社会での「陣地戦」つまり「さまざまな政治的・文化的実践を通した、諸勢力の同意の獲得、同盟関係の構築をめぐる闘い」を重視した。

ヘゲモニー実践とは右の市民社会での陣地戦のなかでの、道徳的・文化的なイニシアティブによって他者の同意を獲得し連帯をつくりだす実践である。グラムシはこのヘゲモニー実践は革新的な方向にも、逆に保守的な方向にも向く、流動的なものだとした。だからこそ実際にファシズムを台頭させたファシストらのヘゲモニー実践に対し、労働者階級や農民階級と結びついた有機的知識人による対抗的ヘゲモニー実践が極めて重要な闘争として提起されたのだった。

この市民社会での熾烈な陣地戦のなかで、人種化して殺すレイシズムを実際に組織する主体が極右である。グラムシはヘゲモニー実践にとっての「知識人」の果たす決定的役割を重視したが、極右はこの「知識人」でもあるのだ。グラムシは言う。

知識人が有機的にこれら大衆の知識人になったときにのみ、つまり文化的、社会的ブロックを構成することによって、これら大衆がその実践的活動によって提起した諸々の原理や問題を彫琢し首尾一貫させたときにのみ、思想的有機性と文化的堅固さをもつことができたであろう。[14]

知識人とは、「理論と実践のあいだにあるべき同じ統一性」を打ち立て、「大衆の実践的活動」が提起する問題を一貫性ある形で練り上げることで、大衆と知識人のあいだに「文化的、社会的ブロックを構築」する主体である。グラムシはこのような主体を「有機的知識人」と呼び、逆に大衆に権威的・観念的に接する「伝統的知識人」と区別した。

レイシズムにとっての「有機的知識人」が極右だ。極右は生きるべきものと死ぬべきものとを分けるヘイトスピーチや人種理論や歴史否定といった言説を練り上げて、誰が敵人種なのかを名指しし、実際にデモから暴力まで具体的なやり方でレイシズムを実践し、それら人種戦を闘うための組織をつくる「知識人」集団である。

一般的には欧州で極右と右翼の区別はナチとの類似性が主な参照軸となる。[15] 欧米では差別や暴力によって議会制民主主義を破壊する過激右翼という極右の定義が成立しているといえる。米国のＫＫＫ、戦後欧州のネオナチや国民戦線などが有名である。

しかし本書が着目するのは極右がレイシズムを暴力やジェノサイドに結びつける上で極めて重要な役割を果たす社会的効果である。

極右は組織を結成し一定の官僚機構をつくることで、差別煽動活動の継続性を担保し、活動を定期化させ、活動家層のたまり場をつくり、差別の共通言語をつくり、文化をつくるうえで不可欠な貢献をする。固有名詞を持った極右組織を可視化させ、差別目的の結社が市民社会に実在することを世に知らしめ、同志を結集させる。極右の組織化は、カネと人と思想を組織しリーダーを輩出し、「知識人」を育成する。レイシズムの暴力への転化を偶発的なものではなく、意識的・組織的・計画的なものに変える。

一言で言えば極右とは、差別を組織化する結社である。極右が結成し存在すること自体がレイシズムの権力を用いて差別を実践し、組織し、それにより社会を破壊しようとする人々に理論・運動・組織のモデルを提供する。だからこそ極右の結成は極めて危険なのだ。

†社会を破壊するレイシズムの組織者

しかしおそらく日本では「極右」といっても街宣右翼のようなイメージがあるだけで、ピンと来ない読者も多いと思われる。日本は歴史的な理由から欧米のように極右が目立って可視化されなかった。第一に反差別がないので、右翼と極右を鋭く引き裂く社会的圧力もない。第二に反ファシズム運動の歴史的伝統も社会変革を成就するだけの強力な労働運動・社会運動もなかったので、極右が「敵」とする社会運動がなく、わざわざ右翼と分裂して過激な極右となる動機に乏しかった。第三に国家が反差別の側に回ったことが無かったし、天皇制や戦争責任も果たさなかったので、極右は反国家である必要にも欠けていた。

しかし以上の定義から機能的に極右は定義できる（第六章でみる）。日本において極右とは、ヘイトスピーチをSNSで恒常的に発信する右翼政治家や日本軍「慰安婦」問題はじめ各種歴史否定をネタにする「ヘイト本」やブログ記事を乱造する右翼作家などの「亜インテリ」や、ヘイト街宣やヘイトクライムを組織する「行動する保守」などの実行部隊だ。

この極右の存在と活動こそ、その社会の差別煽動メカニズムの変容にとって決定的といえる重要性をもつ。なぜなら極右というアクターこそ、他の差別煽動つまり①差別、②へイトスピーチ、③国家による差別煽動を、社会防衛を掲げた人口内外の敵人種の殲滅戦へと引きずり込むように過激化させていく主体だからだ。最後にそれぞれみていこう。

極右は①差別を暴力へと過激化させる。直接極右が加害者に命令を出したりあるいは意志決定によって組織的に暴力を行う。第六章で述べる通り日本でも六〇～七〇年代に国士舘大学による朝高生襲撃事件が頻発してきた。

極右は②ヘイトスピーチを過激化させる。非公然／公然の定期刊行物やブログ・サイトやSNSで人種戦を煽動したり言説を普及させる。これら言説は他の構成員のみならず広く一般庶民の誰もが容易にアレンジを加えてコピーアンドペーストして拡散できる。レイシズムの言説戦が「死ぬべきもの」を明確に提示し、感情を動員しうるほど効果的に「等価性の連鎖」（シャンタル・ムフ）を作り出せた場合、それは極右組織に人々を結集させるだけでなく、そうでない者にも差別煽動に立ちあがらせ、ヘイトクライムを引き起こさせることも可能だ。

たとえば英国ブレグジットの投票直前に残留派の労働党の若手ホープと目されていた女性議員ジョー・コックスを「英国第一《ブリテンファースト》」と叫びながら白昼堂々と改造銃で三回銃撃しナイフで刺して殺害した犯人は、白人至上主義者でネオナチの刊行物を収集して読んでおり、米国の極右サイトから手製の銃火器を作成するマニュアルまで購入していたことがわかっている。極右の継続的で地道な言論活動・組織活動は直接の構成員のみならず刊行物やネットを通じて広範にレイシズムを煽動し、ローンウルフ型（一匹狼）の極右テロリズムさえ引き起こす支えを提供する。

このようにして極右が組織を拡大し市民社会のレイシズム煽動に成功して影響力を持つと、選挙や議会進出によって③国家がもつ巨大な差別煽動効果を左右するのである。

グラムシの陣地戦では「保守勢力も革新勢力もともにヘゲモニー実践に取り組み、両者はせめぎ合っている。その力関係は流動的であり、また諸勢力がそれぞれ内部分裂を起こしたり、複雑に離合集散する場合もある」[16]。つまりこの錯綜する力関係のせめぎ合いのなかで、いかにして反レイシズム規範を勝ち取る闘争がヘゲモニー実践を効果的に行い、極右の差別煽動や組織活動を抑え込み、むしろ極右規制を社会に埋め込んでいけるかが問われる。次章でこの反レイシズムの対抗的ヘゲモニー実践にとって最も基本的となる反差別ブレーキについてとりあげよう。

第四章

反レイシズムという歯止め

†戦後国際社会の根本原則——反レイシズムという歯止め

日本ではあまり知られていないが、反レイシズムは国連（国際連合）の目的そのものである。敗戦直後の一九四五年一〇月二四日、国連設立時に発効した国連憲章は「われら連合国の人民（of the United Nations）は、われらの一生のうちに二度まで言語に絶する悲哀を人類に与えた戦争の惨害から将来の世代を救（うことを決意し）……」（強調引用者）とはじまるように、世界大戦を防止することが国連の目的であった。国連憲章第一章には「国際的平和・安全を維持すること」（一項）という平和維持が謳われている。だが同時に「人種、性、言語、宗教による差別なく、すべての者のために人権と基本的自由を尊重するよう助長奨励する点で、国際協力を達成すること」（三項）と差別禁止も目的とされている。なぜ平和だけでなく反レイシズムが国連の目的なのか？

レイシズムを国際社会が放置したことがファシズム台頭を招いたという歴史的教訓のためである。岡本雅享によると第二次世界大戦を引き起こした「原因の一端」には、「内政不干渉」を理由に「ナチスのユダヤ人虐殺に象徴された」レイシズムを国際社会が「野放しにした」という反省があった。そのため戦後国際社会は「世界共通の人権基準（国際人権法）で、所属する国家に関わりなくすべての人の権利を平等に保障しようという考えに基づいている」[1]。「世界の平和・安全の維持に不可欠であるというシビアで現実的な政治認識」が反レイシズムを規範化したのだ。

†反ネオナチと反植民地主義——人種差別撤廃条約を異例のスピードで制定させた力

人種差別撤廃条約は一九六二年に作成決議されるや、翌年人種差別撤廃宣言を経てわずか三年で六五年に作成・採択され、二七か国の批准を得て一九六九年に発効されている。これは国連がこの反レイシズムの条約に「絶対的優先」を与えた結果だった。

実は当時国連では一九四八年の世界人権宣言で定めた画期的な権利規定——ナチズムのホロコーストの反省をふまえ内政不干渉の論理を破ってどの国に属す人であろうとも国際

法で守られるという原則をもった――を法的拘束力のある条約にする戦後国際人権法の主軸とみなされた国際人権規約の起草作業を実施していた。しかし一九五九年から六〇年に欧州で頻発した墓荒らしをはじめとするネオナチの反ユダヤ主義レイシズムが世界的に問題となったことに加え、アフリカ一七か国が独立・国連加盟した一九六〇年という「アフリカの年」を迎えたことを背景に、国連は第三世界諸国らの反アパルトヘイト・反植民地主義の声を無視できず、人種差別撤廃条約の成立に「絶対的優先」を与えたのだった。被抑圧民族の民族自決権を認めた「植民地及びその人民に対する独立の付与に関する宣言」(一九六〇年)が本条約の前文に引用されているのはそのためである。

†人種差別撤廃条約というモノサシ――グローバルスタンダードの反レイシズム

人種差別撤廃条約は正式名称を「あらゆる形態の人種差別の撤廃に関する国際条約」という。主な内容は、第一にレイシズムを社会がなくすべき悪であるとし、第二にレイシズムを締約国が立法をふくめたあらゆる手段で撤廃することを義務付け、第三に特に危険なレイシズムの差別煽動と極右を法律で処罰すべき違法行為・犯罪と規定するというものだ。

この条約はまさにレイシズム「撤廃」を義務付けており、禁止法を含めたあらゆる手段を用いて、加害者の差別する自由を強力に規制（反差別ブレーキ）すべきとしている。同条約の内容を確認していこう。まずは禁止すべきレイシズムの定義である。

この条約において、「人種差別」racial discrimination とは、人種、皮膚の色、世系又は民族的 national 若しくは種族的出身に基づくあらゆる区別、排除、制限又は優先〔①〕であって、政治的、経済的、社会的、文化的その他のあらゆる公的生活の分野における平等の立場での人権及び基本的自由を認識し、享有し又は行使することを妨げ又は害する〔②〕目的又は効果〔③〕を有するものをいう。（外務省肯定訳。第一条。下線引用者）

重要なポイントを三つにまとめることができる。

①ルーツ（人種・皮膚の色・世系・民族・エスニシティ）に基づくグループに対する
②不平等な（平等の立場における基本的人権の行使を妨げたり害したりする）
③効果をもつもの（差別の目的や意図は関係ない）

つまり①人種化されたグループへの②不平等な③効果を持つ行為や制度（法律や政策）が、人種差別撤廃条約が禁ずるレイシズムである。レイシズムに明確な定義を与え、各国に立法を義務付けることで、レイシズムのピラミッドを上昇させる差別アクセルに対抗し、レイシズム行為が差別禁止ラインより上にエスカレートしないようにしたのだ（図表3）。

第三章で差別アクセルを四つにまとめたのと同じように、本章でも反差別ブレーキを四つにまとめて解説しよう。①禁止するための差別の定義、②人種の否定、③差別煽動と極右の規制、④国家の差別煽動への対抗、である。

†反差別ブレーキ①差別する自由を規制することこそ真の自由である

このように差別を止めさせるために、差別を社会が定義すること、言い換えれば差別を区別と線引きすることが、最も基本的で重要な第一の反差別ブレーキである。それによりはじめて差別とそれ未満を峻別する最も基本的なラインが決定される（その結果図表3のピラミッドにはレベル1から5まで明確な線が社会的慣習によって引かれる）。

この社会が差別を定義するという、第一の反差別ブレーキの決定的な重要性はいくら強調してもしたりない。なぜなら社会正義が定める差別の定義があってはじめて差別する自由を実践で否定することができるからだ。バリバールのいう「歴史的複合状況」（第二章）下では、差別する自由は自由ではあり得ない。むしろ差別する権利や自由を規制することこそ真の自由である。自由の実現は差別の社会的定義によってはじめて可能になる。

重要なことはこのような反レイシズム規範の成立は市民社会での激烈な反差別闘争なしにはあり得ないということだ。第二章で引用したダグラスの名言通り「権力は求められずに譲歩などしない」。だから差別禁止法や多文化主義政策は、差別と対決する反差別運動がラディカルに闘われ、国家や資本といった体制側が妥協せざるを得ない状況をつくりだしてはじめて勝ち取られるのである。

このように社会が差別を止めるための差別の定義をいつまでもつくらないことこそ、日本社会で差別が野放しになっている根本原因である。許容されない差別の判別規準を社会が確定させることなしに、差別を止めることなど絶対に不可能だからだ。

†加害者の差別する自由に手を付けず被害者を尊重しようとする日本型反差別の問題

つまり欧米のように反レイシズム規範を社会運動が勝ち取り、差別を社会的に定義する第一の反差別ブレーキがある社会では、差別か否かのモノサシを客観的な社会規範や法に求めることができる。だが日本のように反差別ブレーキがなく差別の社会的定義が存在しない社会では、差別判別のモノサシが社会規範にも法にも存在しない。

このことは日本でヘイトスピーチや極右台頭を防げない最大の理由となっているがそれだけではない（第六章参照）。反差別運動が社会正義として反レイシズム規範を勝ち取れなかった代わりに、マイノリティや被害者の告白に過度に依存する傾向を生んだ。

日本の反差別は、何が差別で何がそうでないのかの「真理の規準」を、マイノリティの被害者の告発や証言に押し付けてきたのではないか。たとえばヘイトスピーチ街宣に対して、社会が闘うべき差別だから否定するということではなく、「被害者が傷つけられるから」とか「被害者が反対しているから」という理由だけを重視しようとする傾向がある。

このように、何が差別で何がそうでないのかという真理の規準を、法や規範として打ち立てようとする困難と責任を避けて、被害者の告発や証言にのみ依存する日本型反差別こそ、戦後七〇年以上経とうとも差別禁止法ひとつつくられない基本原因である。日本型反差別は被害者の声を聴くことや被害者に寄り添う必要を訴えながらも、加害者の差別する権利や自由には一切手を触れない。そのため、結局は加害者の差別をとめることができず二一世紀のヘイトスピーチ頻発と極右台頭を防げなかった。

さらに日本型反差別は社会が担保すべき反差別の正当性をも被害者やマイノリティに押し付けてしまう。自分が「マジョリティなのに」とか「差別被害者の苦しみもわからないのに」といった一見良心的な「ためらい」で結局差別を止めない人はたくさんいる。差別をめぐる真理を被害者に依存する日本型反差別は、差別に反対する主体（個人や組織）や社会運動の正当性をも被害者に押し付けてしまった結果、欧米では当たり前の社会の一員として差別を止めるというごく基本的な反差別ブレーキさえ誰も打ち立てようとしなくなっているのである。

†反差別ブレーキ②「人種」の否定

既にみたユネスコによる生物学的な人種の存在の否定は、第二の反差別ブレーキといえるだろう。科学的な人種理論は、人びとが黒人の人種隔離やユダヤ人殲滅を実施するうえで強力な支えとなってきた。これに対して、生物学的な人種など存在しないとする科学理論や言説は、人種隔離やユダヤ人排斥の正当性を担保していた人種理論を否定する効果を持つ。つまり生きるべき人間と死ぬべき人間を分けて差別行為を起こさせるレイシズムが支えとする人種理論を否定することで、人種化作用を妨害し、ジェノサイドやヘイトクライムの発生を防ぐ効果を持つ。

第二章でみたようにレイシズムという言葉じたい、戦間期にナチの人種理論を否定する文脈で良心的な研究者らによってはじめて用いられた造語であった。それらは人種そのものの存在を否定しようとしていたのである。実際戦後は社会科学では人種 race という概念をそのまま使うことはできなくなり、代わりにエスニシティ ethnicity というマイノリティ当事者らの主体性や文化を重視する概念が社会科学では多用されるようになる。

法律でもそうだ。先にみた人種差別撤廃条約も実は「人種」を定義することなく人種差別を定義するという工夫が凝らされている。またヨーロッパで台頭したネオナチに対処するために、一九六〇年という早い段階で刑法を改正し民衆煽動罪を導入した西ドイツでも、ナチズムの反省から「人種」という概念を法体系に導入することに慎重であり、極右の差別煽動を刑法で取り締まる際には「住民の一部」という用語を用いていた。

だが第二章でみたとおりレイシズムによって差別しようとする側は生物学的な人種の代わりに文化や宗教などを持ち出す「新しいレイシズム」を編み出した。それに対して世界の反差別運動や市民は、文化や宗教などあらゆるものを口実にして人種化するヘイトスピーチ言説に積極的に反対しており、人種無きレイシズムの人種化作用を否定し続けている。

しかし反レイシズムがなければあるいは弱ければ、人種理論はいくらでも復活し差別に使われる。反レイシズム規範が無い日本では、石原慎太郎はじめ極右政治家が堂々と生物学的レイシズムを煽動しているし、それを批判するマスコミも政治家もほとんどいない。

†反差別ブレーキ③差別煽動と極右の違法化——人種差別撤廃条約の最大の特徴

第三の反差別ブレーキは差別煽動の違法化やその抑止である。差別だけでなく、差別を煽動する行為・組織・団体・運動をも撲滅する、しかも刑事罰を設けてまで差別煽動を根絶する——人種差別撤廃条約が要求するレイシズム撤廃は非常に強力である。

順を追ってみていこう。人種差別撤廃条約は違法なレイシズムを第一条で定義したうえで、第二条でその根絶を各国に義務付けている（第二条第一項。図表6）。第二条には具体的には（a）「国及び地方のすべての公の当局及び機関」がこの義務に従って行動すること、（b）国が「いかなる個人又は団体による人種差別も」後援・擁護・支持しないこと、（c）国は国と自治体の「政策を再検討し」レイシズムを生じさせる「いかなる法令」も改正・廃止・無効とすること、（d）「すべての適当な方法」（立法を含む）で「いかなる個人、集団又は団体による人種差別も禁止し、終了させる」こと、（e）「人種間の障壁を撤

第一条
2　この条約は、締約国が市民と市民でない者との間に設ける区別、排除、制限又は優先については、適用しない。
3　この条約のいかなる規定も、国籍、市民権又は帰化に関する締約国の法規に何ら影響を及ぼすものと解してはならない。ただし、これらに関する法規は、いかなる特定の民族に対しても差別を設けていないことを条件とする。

第二条
1　締約国は、人種差別を非難し、また、あらゆる形態の人種差別を撤廃する政策及びあらゆる人種間の理解を促進する政策をすべての適当な方法により遅滞なくとることを約束する。
2　締約国は、状況により正当とされる場合には、特定の人種の集団又はこれに属する個人に対し人権及び基本的自由の十分かつ平等な享有を保障するため、社会的、経済的、文化的その他の分野において、当該人種の集団又は個人の適切な発展及び保護を確保するための特別かつ具体的な措置をとる。この措置は、いかなる場合においても、その目的が達成された後、その結果として、異なる人種の集団に対して不平等な又は別個の権利を維持することとなってはならない。

第四条
締約国は、一の人種の優越性若しくは一の皮膚の色若しくは種族的出身の人の集団の優越性の思想若しくは理論に基づくあらゆる宣伝及び団体又は人種的憎悪及び人種差別（形態のいかんを問わない。）を正当化し若しくは助長することを企てるあらゆる宣伝及び団体を非難し、また、このような差別のあらゆる扇動又は行為を根絶することを目的とする迅速かつ積極的な措置をとることを約束する。このため、締約国は、世界人権宣言に具現された原則及び次条に明示的に定める権利に十分な考慮を払って、特に次のことを行う。
(a) 人種的優越又は憎悪に基づく思想のあらゆる流布、人種差別の扇動、いかなる人種若しくは皮膚の色若しくは種族的出身を異にする人の集団に対するものであるかを問わずすべての暴力行為又はその行為の扇動及び人種主義に基づく活動に対する資金援助を含むいかなる援助の提供も、法律で処罰すべき犯罪であることを宣言すること。
(b) 人種差別を助長し及び扇動する団体及び組織的宣伝活動その他のすべての宣伝活動を違法であるとして禁止するものとし、このような団体又は活動への参加が法律で処罰すべき犯罪であることを認めること。
(c) 国又は地方の公の当局又は機関が人種差別を助長し又は扇動することを認めないこと。

図表6　人種差別撤廃条約の抜粋
〔外務省肯定訳〕

廃する他の方法を奨励」することなどが規定されている。（c）に明らかなように、撤廃すべきレイシズムに法律や政策などの制度も含まれる点に注意しよう。

条約の第一条の定義がレイシズムを判別するモノサシであり、第二条がレイシズム根絶を義務付けるボディ部分なら、第四条は差別煽動と極右と闘うための剣といえるだろう。

図表6の第四条本文を読んでみてほしい。レイシズムを「宣伝」するか「正当化」あるいは「助長することを企てる」「あらゆる宣伝及び団体」を「非難」すべきことが義務づけられており、さらには「このような差別のあらゆる扇動又は行為を根絶することを目的とする迅速かつ積極的な措置」が義務づけられている。本文につづく（a）は差別煽動と極右への資金援助を含む支援を禁じ、（b）では極右組織そのものを違法化するよう義務付けている。

差別を禁止するだけでなく、ここまで踏み込んで極右活動と差別煽動活動の規制を求めた条約は他にない。これはレイシズムが他の差別と比べて差別を組織する煽動や極右の形成やファシズム台頭に極めて親和的である歴史的現実に対応している。

たとえばドイツでは憲法擁護庁が常時ネオナチを監視し取締りを行っている。言論の自由を重視する米国でさえFBIや州警察がヘイトクライム対策やKKK等の白人至上主義による極右テロリズムを取締っている。

†反差別ブレーキ④国家の差別煽動への対抗

そして最も強力な差別煽動である、国家の差別煽動に対処するのが第四の差別ブレーキである。同条約第四条の（c）は「国又は地方の公の当局又は機関が人種差別を助長し又は扇動することを認めないこと」と明記されている。前章で見た通り最悪のジェノサイドは国家が差別煽動した時に発生している。

これを防止するために決定的に重要なのは国や自治体の差別だけでなく、国会議員・地方議員・政党による差別煽動を規制することだ。公人のヘイトスピーチを厳しく批判し取締まることは、レイシズム暴力の組織化を阻止する上で非常に重要だ。前章で強調したように国家による差別煽動は極右の活動、とりわけ政治社会への進出に大きく左右されるからだ。

ただし反レイシズムこそが「極右」を定義し、右翼一般から極右を区別するということを忘れてはいけない。欧米では極右はナチとの類似によって定義されるが、これは反レイシズム規範が右翼一般とは区別された極右を市民社会で許さず、とくに政治社会に登場させないという規範を成立させてはじめて明確になる。

欧州では極右規制の結果、極右は反レイシズム規範をもつ市民社会に自分たちを適合させることを迫られ、独特の「適合ジレンマ」とよばれる矛盾に苦しめられることになる。[2]つまり反レイシズム規範のある社会に適合するために、極右は「自分は極右ではない」と言い、過激さを抑え穏健な右翼・保守にならなければ公的な政党や議会進出は不可能になるが、そうすると極右の支持層・組織メンバーから「裏切者」だと糾弾され反発や内紛を引き起し影響力を弱体化させる。他方で社会に適合せず極右の過激さを保つならば国家の極右規制によって弾圧されたり市民社会の糾弾に遭い影響力は低下する。

しかし、反レイシズムがなく、極右と右翼が区別されていない日本には極右を「適合ジレンマ」で悩ませるだけの社会的な反レイシズム圧力が存在しない。そのため極右組織や政党が選挙に進出する際にも「外国人生活保護廃止」や「慰安婦」否定論など欧州では一発で政治生命を失うほど露骨なレイシズムを掲げていても社会的に強く批判を浴びることが無いため、庶民からセレブまでカジュアルに極右組織や政党に関与できる「自由」がある。つまり誰もが遊び半分でも真剣さが無くとも極右活動に従事できる。そして驚くほど簡単に足を洗うことができるのである。

同時に与党自民党などのエスタブリッシュメントの右派や保守も、極右を批判したり、関与を拒絶しなければならない圧力に晒されない。米国のトランプ大統領は選挙で元KKKのデヴィッド・デュークが支持表明したときにすぐに批判しなかったことが大きな批判を浴びたが、日本では安倍首相や自民党がネット右翼や実際の極右から支持されていてもむしろ人気や票につながるとして、政治的なプラスとみている。

なお欧州では反レイシズム規範による「適合ジレンマ」が極右を分裂させるとともに、一部のインテリ層が「極右ではない」という言明とともにナショナリズムやイスラム教批判やヨーロッパのアイデンティティに訴えかける「右翼ポピュリズム」という高等戦術を生み出した。他方で米国では反差別規範に「適合」するのとは真逆の、トランプ大統領のように米国の反レイシズム規範に「適合しない」ことをアピールする形での、確信犯的な「右翼ポピュリズム」の戦術的利用が実行に移された。これら難問に欧米がどのように取り組んでいるかは第七章でとりあげよう。

前章で極右がグラムシのいうヘゲモニー実践を展開していることをみた。これに対抗するためには反レイシズムのヘゲモニー実践を効果的に行い差別と極右を封じ込める以外に道はない。右の反レイシズム規範による「適合ジレンマ」はその基本的インフラである。

†先進国で規範となった反レイシズム「1・0」「2・0」

以上述べた四つの反差別ブレーキはあくまでも人種差別撤廃条約が義務づける国家の法律・政策によるブレーキにすぎない。これらは第二章で見た通り市民社会の反レイシズム運動やマイノリティの当事者による草の根の民主主義によってはじめて、国家が公認する政策となる。

欧米先進諸国で闘いとられた反レイシズム規範には大きな共通点がある（図表7）。①六〇年から七〇年代初にかけて基本となる反レイシズム政策と規範が成立し、しかも②その後も引き続きその政策／規範がアップデートされ続けている。

本書では基本となる反レイシズム政策・規範のことを「反レイシズム1・0」とし、そのアップデートを「反レイシズム2・0」としておく。言うまでも無いことだが反レイシズム1・0も2・0も、先にダグラスを引いて述べた通り反レイシズムの社会運動の力なしには勝ちとれない。国が「自発的に」反レイシズム政策をつくったケースはない。欧米に二周は遅れている日本を「反レイシズムゼロ」あるいは「反レイシズムなき日本」としておく。

反レイシズム	米国型	欧州・国連型			ドイツ型	日本型
		英国	フランス	国連		
ゼロ						レイシズムが見えない（差別と区別が未区分）Ⓐ
1.0	1964年公民権法	1965年人種関係法	1972年法	1965年人種差別撤廃条約	1960年民衆煽動罪（刑法改正）ナチ訴追、歴史教育	なし※
2.0	同法改正、68年連邦保護法（KKK法）、90年ヘイトクライム統計法、94年ヘイトクライム判決強化法他 Ⓑ	同法改正（68、76、00、03年等）、86年公共秩序法他	同法改正（75、83、89、90、02年他）、90年ゲソ法他	一般的勧告1～35他	同法改正（85年他）、94年ホロコースト否定罪追加他、ナチ訴追、歴史教育	なし（ヘイトスピーチ解消法）[3] Ⓒ

図表7　先進諸国反レイシズム国際比較

出典：梁英聖『日本型ヘイトスピーチとは何か——社会を破壊するレイシズムの登場』影書房

※は特に在日コリアンに関してである。たとえば被差別部落問題に関しては、1969年に同和対策事業特別措置法が時限立法として制定されている。

さらに欧米先進国では各国それぞれの歴史的・社会的文脈をもった個性的な反レイシズム運動によって、それぞれ固有のレイシズム禁止法と政策を勝ち取ってきた[4]（図表7）。

それらは三つのタイプに大別できる。

第一は欧州・国連型（当初から差別禁止法で差別と共に差別煽動を禁止するタイプ）、第二はドイツ型（差別禁止法ではなく、戦犯訴追と歴史教育と合わせた「過去の克服」の一環としての、刑法改正によるヘイトスピーチ規制）、第三は米国型（差別禁止法を制定するが差別行為を行為／言論に二分し、行為は規制し言論は擁護する）

である（詳しくは梁英聖『日本型ヘイトスピーチとは何か』第四章参照）。

第一の国連型の反レイシズムは既に説明した、グループへの不平等を禁ずる人権規範だ。残りのドイツ型と米国型を日本との関連で説明しておく。

†過去をモノサシとするドイツ型反レイシズム

じつはドイツには長らく差別禁止法がなかった。ＥＵ指令によってようやく二〇〇六年に制定されている。ではそれまで反レイシズム政策が無かったかといえばそうではない。ドイツ型の反レイシズムは、グループへの不平等というモノサシではなく、ファシズム台頭と第二次世界大戦およびホロコーストを招いたナチという「過去」をモノサシにする特殊なものである。一九六〇年の刑法改正によって民衆煽動罪を導入して差別煽動を規制する際も、また憲法擁護庁がネオナチを極右として監視・取り締まり対象とする際も、「過去」との類似性がモノサシとされてきた。これらは六〇年代の市民運動によって行われた司法改革が旧戦犯のナチ訴追を継続させ、裁判を通じて暴かれた歴史の真相を元に歴史教育に力をいれることで総合的に「過去の克服」を行うという市民社会の努力の結果である。

そしてベトナム反戦運動とリンクした世界的な学生反乱で有名な「一九六八年」に、ドイツでは家庭と大学で旧世代の戦争責任を追及するラディカルな告発が行われた。この世代が生み出した緑の党や議会外反対派などの闘争によって、ドイツ型反レイシズム規範はアップデートされていった。たとえば九四年にホロコースト否定罪が導入され、いまなお一〇〇歳近い高齢者にもナチ訴追をやめないのはそのためだ。

†反レイシズム2・0のドイツと反レイシズムなき日本の違いを生んだもの

このように「過去」との類似性によって極右や歴史否定を規制するドイツ型の反レイシズムと比べると、同じ旧枢軸国だった日本との違いが際立つ。

日独の違いを生み出した国際要因を、後の議論のためにも、整理しておこう。

第一は冷戦の違いである。ドイツ（西）は冷戦の共産主義封じ込め戦略によって、「仇敵」フランスや英国はじめ西側の資本主義諸国と和解し、EC（現EU）という経済共同体を築かねばならなかった。このことがドイツに反ナチ規範を形成することを強いたのである。しかし日本の場合、朝鮮戦争という熱戦を通じてつくられた「東アジア冷戦構造」のなかで、新中国・ソ連を封じ込める米国のアジア戦略に規定されるかたちで昭和天皇はじめ戦争責任の曖昧化に成功し、「国民の象徴」として天皇制も温存させることに成功した。同じ冷戦でも西欧のECのような経済共同体も、NATOのような多国間安全保障体制も、アジアでは形成されず、強大な米国をハブとした二国間安保体制の「足し算」（日米安保、韓米、比米……）に依存したため、日本はアジアとの軍事・政治上の国際関係によっても反ナチ規範に類する反レイシズム規範をつくるよう強いられなかった。

第二は被害国との関係である。西ドイツは虐殺したユダヤ人による新興国家イスラエルと同じ西側資本主義陣営どうし友好関係を築かねばならなかったため、反ナチ規範を作るよう一層迫られた。日本の被害国の多くは北朝鮮・中国・ベトナムなど無視できる東側共産主義陣営であり、西側陣営の韓国・台湾・フィリピンなど被害国には米国の強力な圧力を背景に戦後補償要求を押さえつけることができた。それどころか日本は「朝鮮特需」で戦後復興を遂げた後、日本企業の物品・役務という「現物」で戦後賠償することで、貴重な外貨ドルを温存する一方で国内経済成長のテコとして東南アジア諸国への経済進出をはかり、さらには後のODA（政府開発援助）を通じて従属的経済構造をつくりあげてゆく。日本は過去と決別する反レイシズム規範をアジアレベルでつくらずとも、経済の力によってアジア諸国を黙らせるポジションを確保した。

第三に冷戦で分断された国が、ヨーロッパでは加害国ドイツだったのに対し、アジアでは被害国朝鮮であった。米ソ英仏四か国共同で占領政策が行われたドイツは東西に分断された。前述の国際政治上、これは両者にどちらが過去と決別しより反ナチ規範形成をリードするかを競い合わせる外交圧力を生み出した。西ドイツは反ファシズム運動に自らの正当性を置いていた東ドイツからナチとの連続性を指摘され、反ナチ規範を国際的にアピールするよう迫られた。しかし日本の場合はほぼ米国一国の意志が貫徹した占領政策のもと、一時構想された東西の日本の領土分割は避けられた（「北方領土」問題はあるが）。逆に日本の植民地であった朝鮮半島のほうが、旧日本軍の関東軍／朝鮮軍の境界であった北緯三八度線を境に米ソによって占領され、朝鮮戦争を通じて分断が固定化された。

このことは東西分断がドイツに反ナチ規範を強いたのとは対照的に、逆に南北朝鮮の側を安全保障や経済援助獲得のために日本に従属させるよう互いに競わせる対抗関係におくことになった。韓国は朝鮮戦争中の一九五一年から日韓国交正常化交渉を行っているが日本側高官の歴史否定発言により交渉が決裂した後、ベトナム戦争下での日韓対立を問題視した米国の圧力を受けて朴正熙政権時の一九六五年にようやく締結されたが、それは植民地支配責任を全く不問に付すものであった。

もちろん日独の共通点もある。実はドイツも外交的には強いられて反ナチをアピールする一方で、国内では日本と同じように最初はむしろナチ訴追や公職追放には非常に消極的であった。五〇年代の西ドイツの司法官僚の三分の二ほどは旧ナチ人脈で占められ、互いをかばいあい訴追は進まなかった。だが前述の通りネオナチによるユダヤ人墓地荒しなどヘイトクライムの頻発に対し、これに立ち上がった市民社会の反ネオナチの社会運動に圧されて、徐々に反レイシズム規範は闘い取られた。ドイツが血統主義的な国籍法制をもっていたにもかかわらず、当時「ガストアルバイター」と呼ばれた移住労働者がオイルショック後七三年以降受け入れ停止にあった後も、在留権や家族結合の権利を司法で勝ち取る等、反レイシズム規範は事実上のシティズンシップを認めさせていった。

だが日本は違った。戦後日本は反レイシズム規範を成立させたドイツとは異なり、米国の東アジア冷戦・反共戦略に追随する形で戦争責任をとらず、日の丸・君が代も否定せず(イタリア・ドイツと異なり)、反レイシズム政策もつくらないまま、国際社会には憲法九条を掲げて「平和国家」をアピールすることに成功してしまったのだ。

†行為/言論の特殊な二分法をもつ米国型反レイシズム

米国型の反レイシズムは国連型と同じグループに対する不平等をモノサシとしている。

しかし独特なのは一九六四年公民権法以降の法・政策が、行為/言論(スピーチ)の特殊な二分法を採用し、禁止する差別を前者の行為に限定し、言論は守るとしていることだ。米国では憲法修正第一条に規定された言論の自由が民主主義の中で重んじられ、ヘイトスピーチ規制がない、などと言われるのはそのためである。これは六〇年代にラディカルに闘われたベトナム反戦運動家も、公民権運動のマイノリティの活動家も、ともに国家による弾圧を避けるため、人種隔離の廃止と行為の差別禁止を求めたという歴史的経緯があったからだ。キング牧師やマルコムXなど当時ラディカルに闘った黒人活動家は、ときに激しく白人至上主義やレイシズムを糾弾したりあるいは資本主義を批判して社会主義思想をも説いたために、FBIの強力な監視と弾圧を受けた。実際FBIはブラックパンサー党のカリスマ的活動家であった二一歳のフレッド・ハンプトンを暗殺し、同党を壊滅状況においやっている。ラディカルな社会運動や反レイシズムの言論を反共主義のレイシズム国家から守るためにも、差別禁止法制に行為/言論の特殊な二分法が採用される必然性があったのである。

†「ヘイトスピーチ」という特殊な概念を生み出した米国型反レイシズム2・0

米国型の反レイシズム1・0のアップデートの過程で生み出された概念が「ヘイトクライム」「ヘイトスピーチ」であった。第二章でも述べた通り公民権法が成立した後もレイシズムは解消せずむしろ酷くなりさえした。ポスト公民権運動時代の活動家は様々な反レイシズム闘争を展開したが、その中で米国型の行為／言論二分法を乗り越えることが課題となった。一九八〇年代に、「行為」とされる人種差別を厳罰化させる文脈で生まれた概念が「ヘイトクライム」であり、それは差別を動機とする犯罪を加重処罰するものだった。

他方、米国型二分法で「言論（スピーチ）」とされた差別に対して、それは「行為」と同様であり処罰すべきだと批判する文脈で生まれた概念が「ヘイトスピーチ」であった。公民権運動による差別撤廃とアファーマティブアクションによって、従来白人男性の牙城だった大学に非白人と女性などマイノリティが続々と入学すると、学内でのレイシズムが頻発し、特に差別発言が「言論の自由」を理由に処分されないことが大問題となった。そのような八〇年代に、ハーバード大ロースクールをはじめ大学で法学を学ぶ、若い非白人や女性の学生・研究者が米国で「ヘイトスピーチ」規制を求める批判的人種理論を提唱し一つの社会運動を立ち上げた。「レイシズムは一〇〇％言論であるとともに、一〇〇％行為である」というリチャード・ローレンス三世の言葉はこのような米国型の反レイシズム2・0の文脈のなかでしか理解できないものだ。

図表7のⒷを見てもらえばわかる通り「ヘイトクライム」は実際に連邦法の改正に結実したが、「ヘイトスピーチ」は連邦法で禁止には至っていない。米国型の反レイシズム2・0もまた歴史的な行為／言論の二分法を今も基礎にしているといってよい。

だが米国で「ヘイトスピーチ規制がない」というのは不正確だ。第一に連邦法でもジェノサイド煽動が規制されており、第二には職場での差別発言はセクシュアル／レイシャル・ハラスメントなどで規制されている。そして第三に、右の運動の成果として大学に（全大学ではないが）独自のヘイトスピーチを禁止する「スピーチ・コード」が存在する。

それに政府も市民社会も言論の自由を行使して積極的にレイシズムと闘う文化があることは指摘しておきたい。トランプ大統領やその他有名人がヘイトスピーチを行ったとき、セレブから政治家まで公人が即座に差別を批判するコメントを出す。また市民社会でもレイシストや極右の素性をSNSで暴いたり、雇用する企業や提携企業に解雇や投資・広告引き上げを求めるなど様々なプロテストの文化があるのである。

†「ヘイトスピーチ」という言葉の日本と欧米のねじれ

欧州や米国型の反レイシズム2・0と反レイシズムなき日本を比較してはじめて明確になるのは、「ヘイトスピーチ」という言葉をめぐる深刻な意味のねじれである。

日本で「ヘイトスピーチ」と言えば「規制vs言論の自由」式の構図で議論され、「バランスが大事」「対話を」「慎重に検討」などと規制を先送りにする論調が支配的だといえる。だが欧米での議論は一見日本式の「規制vs言論の自由」と同じように見えるが全く違う。なぜなら欧州でも米国でも、差別を禁止することが大前提となっており、ヘイトスピーチ規制の問題は「差別禁止をどの程度行うか」という形で問われているからだ。

さらに言えば「言論の自由」と差別禁止を対立させているのも日本的特殊性だ。これは欧州もそうだが特に米国型の反レイシズムが憲法修正第一条に規定された言論の自由を反レイシズムの武器として政府も市民社会も活用して闘う点に明らかだ。だが日本の場合、「言論の自由」を理由に規制への慎重論を唱える論者が自らの「言論の自由」を行使して、レイシズムと闘う様子を目にすることはないのである。

一体なぜなのか。原因の一つは反レイシズムが見えない点にある。図表7にグレーで示した通り欧米は2・0の段階に、日本は反レイシズムのない「ゼロ」段階（Ⓐ）にいるが、反レイシズムが見えないと日本があたかも欧米と同じ先進国として2・0段階にいるかのように仮定してしまう。Ⓐにいる日本がⒸにいるかのように議論するからヘイトスピーチ規制についても「言論vs規制」のバランスが大事だなどとコメントしてしまうのだ。

だがそれは間違いだ。前述の通り最も基本的な反差別ブレーキである差別を社会的に定義して規制するルール（1・0）なしに、差別禁止ルールをつくっても対処しがたい「ハイレベル」の差別煽動現象（2・0）をなくそうとすることは、欧州型からしても米国型からしてもドイツ型からしても理解しがたいはずだ。

日本の反レイシズム「ゼロ」Ⓐとは交通事故でたとえるなら、「どこが道路（差別）でどこがそうでないか」を決める道路交通法（1・0の差別禁止法）が無い状況と同じだ。差別禁止法もないのにヘイトスピーチを無くそうとする日本は、道路交通法がなくて民家や歩道に車が規制なく走って事故が多発しているのに、（道路交通法があっても防げない事故用の）シートベルト着用やチャイルドシート（2・0のヘイトスピーチ規制）の是非を論じるのに似ている。それに対する支配的論調が「事故防止も大事だがドライバーの自由も大事」（規制慎重論）というもので道路交通法（差別禁止法）制定については語らないとしたら異様という他ない。しかし日本では現にこのようなマンガのような状況がまかり通っている。

†共通言語としての反レイシズムと、共通言語にならない日本型反差別

さらに重要なことはこれら各国の社会運動がつくり出し市民社会に埋め込んだ反レイシズム規範が、人種・民族・エスニシティという壁を超える新しい社会的連帯の基準となったということだ。つまり社会が闘い取る絶対悪としての人種差別や、その原因としての人種主義として「レイシズム」という言葉が社会に定着し、それらをなくしていくことが同じ社会成員としての義務であり権利であるという共同性をつくりあげたのである。

この反レイシズムという共同性が、何が差別で何がそうでないのかという「真理の体制」を支える社会的なものとなっている。反レイシズムが1・0と2・0で存在する欧米と、反レイシズムなき日本とでは、その差は差別を語る共通言語の有無として現われる。

反レイシズムを打ち立てた社会では、何が差別で何がそうでないのかの「真理の体制」において①社会に存在する差別の定義を差別の規準とすることができる。これはマジョリティ／マイノリティを問わず社会の共通言語となりうる。その上で②マイノリティ被害者

の告白にも差別の規準を求めることができる。そこではじめて①社会と②当事者という両者の規準が、対立・干渉・競合したりあるいは連帯しあうことが可能となる。平たく言えば、米国で公民権法が普遍的にグループへの不平等を差別だと禁止した反レイシズム規範（①）と、黒人やアジア系等マイノリティが語るもの（②）とは、同じ反差別でも当然ズレがある。差別を禁止する公民権法を称賛するにせよ、逆に「白人よりだ」と批判するにせよ、マイノリティは自らの規準（②）だけでなく社会の規準（①）を支えにしうる。差別禁止法があればこそマイノリティからみた差別禁止法の不十分さを告発しうる。

ところが反レイシズムなき日本では①社会に差別の規準が存在しないまま、②被害者が何を言うかに差別の真理の規準が、社会がみんなで判断の責任を負うべき分まで含めて押しつけられてしまう。

このように反レイシズムが共通言語にならない日本型反差別は深刻な帰結をもたらす。

第一に極右や差別する加害者に対しては、反差別が抑止力とならないばかりか、かえって攻撃のターゲットとなる被害者を加害者の目前に差し出すことになってしまう。日本型反差別はレイシズムやヘイトスピーチに対して事実（歴史やマイノリティに関する真理）や被害者の人権（被害者が傷ついている）しか主張しないのだが、それはむしろ人種化して殺すレイシズムを行使する加害者にとって痛くも痒くもないばかりか好都合だ。社会防衛を掲げた人種戦に勝利することだけが問題である加害者にとって事実も人権もどうでもよい。だから反差別の側は事実や人権だけでなく、社会正義を対置しなければならない。

第二にマイノリティに対しては、「被害者の声を聞け」という日本型反差別が、むしろ被害者を沈黙に追い込んでしまう。何が差別で何がそうでないのかの社会的規準も見当たらない状況で、被害者に「差別について語って下さい」というのは、いきなり自分の差別被害や疎外を「差別だ」と自信を持って言い切るよう強いるのと同じだからだ。それは少なくとも日本の在日コリアンを絶対的な沈黙状況に追い込んでいる元凶の一つである。しかもマジョリティが差別の判別規準をマイノリティに押し付ける一方で、その解釈権は聞き手であるマジョリティが握る。そうなると、マイノリティはマジョリティに受け入れられる程度の被害しか語れなくなる。反差別運動の現場でさえ、マイノリティが差別を告発する際には「お願いします」「助けてください」という口調になるのには何の不思議もない。

第三に社会に正義を打ち立てないために、反差別の社会的連帯の規準もつくらない。マジョリティ／マイノリティが立場を尊重したうえで差別に対抗して共闘するための基礎的なインフラとなる反差別ブレーキが必要だ。

なお反レイシズムの2・0に関していえば、歴史的につくられた構造的不平等をなくすため、反差別の共同性は単に形式的平等だけでなく、実質的平等を達成するための、マイノリティのみに認められた特別な権利保障が必要だとする水準に進んだ。これが人種差別撤廃条約の第二条第二項が定める積極的差別是正措置であり、第二章で述べたアファーマティブアクション（米国）やポジティブアクション（欧州）と呼ばれるものだ。

特定のマイノリティに対して特別な権利（マジョリティとは区別された）を認めて初めて平等を達成できる。このマイノリティの権利を公然と擁護することは日本で跋扈している「在日特権」などのような新自由主義を利用した「××特権」を攻撃するタイプのヘイトスピーチに対抗する上で重要である。

本章の反差別ブレーキとは加害者を抑制すると同時に被害者尊重のインフラなのである。

†人種差別撤廃条約に違反し続ける日本――差別禁止法がない唯一の先進国

日本は人種差別撤廃条約に一九九五年、一四六番目と非常に遅い時期に批准した（米国の次）。だが日本は条約が義務付ける包括的差別禁止法もつくらず、差別統計もとらないまま、条約違反を続けている。

それを端的に表すのが二〇一五年に最新調査が公表された正規滞在外国人の権利保障に関する国際比較調査である移民統合政策指数（ＭＩＰＥＸ）である。図表８が示すように日本は総合指数四四で、三八ヵ国中二七位と低い。特に低いのが差別禁止の項目で、日本は二二点の三七位と下から二番目である。[5]

根本問題は日本には戦後から今日まで、未だ公的な移民政策（入管政策＋統合政策）が存在しないということだ（ＭＩＰＥＸは移民政策を評価する指標）。敗戦直後から六〇万といわれる在日コリアンを抱え、いまや年間受け入れ数では世界四位ともいわれる「移民国家」日本（ＯＥＣＤによる二〇一六年度統計）に、移民・統合政策が無い理由は何か。

国内の反レイシズム規範の欠如である。

†レイシズムを見えなくする作用――モノサシがない、共通言語がない

反レイシズム２・０の欧米に比べれば、反差別ブレーキが法や政策としても、社会規範としても成立していない日本の状況は少なくとも二周は遅れている。これは第二章でバリバールが強調した「歴史的複合状況」とはまったく異なることを強調しておきたい。欧米

総合順位		総合評価	労働市場	家族結合	教育	政治参加	永住許可	国籍取得	差別禁止	保健医療
1	スウェーデン	**78**	98	78	77	71	79	73	85	62
2	ポルトガル	**75**	91	88	62	74	68	86	88	43
3	ニュージーランド	**70**	67	68	66	74	64	71	79	75
4	フィンランド	**69**	80	68	60	79	70	63	77	53
4	ノルウェー	**69**	90	63	65	82	70	52	59	67
6	カナダ	**68**	81	79	65	48	62	67	92	49
7	ベルギー	**67**	64	72	61	57	86	69	78	53
8	オーストラリア	**66**	64	50	47	38	57	26	57	63
9	アメリカ	**63**	67	66	60	36	54	61	90	69
10	ドイツ	**62**	86	57	47	63	60	72	58	43
11	オランダ	**60**	73	56	50	52	55	66	73	55
11	スペイン	**60**	72	90	37	54	74	48	49	53
13	イタリア	**59**	66	72	34	58	65	50	61	67
13	デンマーク	**59**	79	42	49	64	74	58	50	53
15	ルクセンブルク	**57**	42	65	48	81	64	68	49	43
15	イギリス	**57**	56	33	57	51	51	60	85	64
17	フランス	**54**	54	51	36	53	48	61	77	50
18	韓国	**53**	71	63	57	54	54	36	52	36
19	アイルランド	**52**	38	40	30	73	49	59	66	58
20	オーストリア	**50**	64	50	47	38	57	26	57	63
21	スイス	**49**	59	48	42	58	51	31	31	70
22	エストニア	**46**	73	67	58	21	71	18	32	27
23	ハンガリー	**45**	40	61	15	23	68	31	83	40
23	アイスランド	**45**	51	59	23	67	62	53	5	40
23	チェコ	**45**	52	57	38	21	51	49	48	44
23	ルーマニア	**45**	57	67	20	0	57	34	78	45
27	スロベニア	**44**	38	80	26	23	61	41	67	18
27	ギリシア	**44**	55	55	36	30	54	34	60	27
27	日本	**44**	**65**	**61**	**21**	**31**	**59**	**37**	**22**	**51**
30	クロアチア	**43**	54	69	15	13	65	31	61	20
31	ブルガリア	**42**	50	64	3	13	67	21	89	28
32	ポーランド	**41**	38	65	20	6	66	56	52	26
33	マルタ	**40**	45	48	19	25	50	34	51	45
34	スロバキア	**37**	21	56	24	16	54	25	72	31
34	リトアニア	**37**	40	59	17	16	59	35	43	26
36	キプロス	**35**	34	39	27	25	37	37	50	31
37	ラトビア	**31**	46	55	17	13	53	17	34	17
38	トルコ	**25**	15	49	5	11	27	34	26	32

図表8　移民統合政策指数2014年（総合評価および分野別評価）
出典：近藤敦『多文化共生と人権』明石書店

「「人種」とは、人間の人類学的な種類をいう。…「人種」を理由とする差別とは、たとえば、アイヌ人には選挙権を与えないとか、ニグロ〔ママ〕は公務員になれないとするとか、ユダヤ人の権利能力を制限するとかであるが、日本国民のあいだには、「人種」のちがいがすくないから、「人種」にもとづく差別は、実際には問題になることはあまりあるまい」（宮澤俊義（芦部信喜補訂）『全訂　日本国憲法』（日本評論社、一九七八年）二〇八－二〇九頁）
「種々の人種が混在する国家に比べれば、現在わが国では国民のなかに人類学的意味の人種の対立は比較的少ない」（覚道豊治『憲法［改訂版］』（ミネルヴァ書房、一九七三年）二三五頁）
「わが国はこれまで人種的には比較的まとまりのある国であり、人種差別が大きな問題となることはなかった。アイヌ人問題はその例外であり、今後は帰化人が問題となりうる」（芦部信喜編『憲法Ⅱ人権（一）』（有斐閣、一九七八年）二二七頁（種谷春洋執筆））
「わが国民のなかには異人種が極めて少ないから、人種差別が問題となった事例はほとんどない」（橋本公亘『日本国憲法』（有斐閣、一九八〇年）二〇六頁）
「わが国では異人種がきわめて少ないことが関係してか、人種差別が大きな社会政治的問題にされたことはない」（佐藤幸治『憲法［新版］』（青林書院、一九九〇年）四二二頁）

図表９「法の下の平等」に関する憲法学説
出典：村上正直『人種差別撤廃条約と日本』日本評論社

では反レイシズム1・0および2・0の規範によって、「レイシズムとは何か」が共通言語となり、レイシズムは社会が闘って撲滅すべき社会悪だと可視化された。

だが反レイシズムゼロの日本ではそのいずれのモノサシによってもレイシズムは社会悪とされなかった。日本にはレイシズムを語る共通言語が存在せず、法や政策からマスコミや教育でも反レイシズムの知がほとんど蓄積されなかったのである。

深刻なことにこれはアカデミ

ズムもそうであった。たとえば村上正直によれば、憲法一四条一項つまり法の下の平等に関する憲法学説では、日本に人種差別は存在しないとされてきた。「このような状況を生み出したひとつの原因は、日本においては深刻な人種差別問題は存在しないという一般的な理解にあるように思われる」[6]という彼が引用する憲法学者の説を並べてみよう（図表9）。

これらが書かれた時期は一九七三年から九〇年であり、後に見る通り在日コリアンに限っても深刻なレイシズムが吹き荒れてきた。日本は学者にさえレイシズムが見えない国だった。

なぜ差別禁止法が日本で成立しなかったのかを本書では詳述できないが、重要なことは日本型企業社会の成立と、日本が入管法を使って民族差別を国籍区別に偽装したというレイシズム政策の特殊性があげられる。前者の分析は前の本（梁英聖『日本型ヘイトスピーチとは何か』）の第五章を参照してほしい。後者と関連するのが次にみる国籍問題だ。

†条約の限界――国籍・市民権による区別をどうするか

人種差別撤廃条約にも大きな課題と限界があった。それは同条約でのレイシズムの定義には国籍が入っていない点である。では国籍差別はレイシズムではないのか?

じつは条約のレイシズムの定義の直後には重要な国籍・市民権に関する留保があった(第一条第二、第三項、図表6)。国籍による区別までレイシズムだと規定すると、国籍や国境管理などの、それなしに国民国家が成り立たない根本的な区別に、疑義を呈することになる。そのため条約発効時には国籍をレイシズムの定義に直接含めることができなかった。

第二章で見た通り戦後国際社会はレイシズムを人類が闘うべき社会悪とした。しかし国民国家と国民国家の間という、国籍・国境による人間の分断を、反レイシズムは打ち破ることに未だに成功していない。今日のヨーロッパがシリアなどからやってくる難民を受け入れるか否かで大きく揺れていることに象徴されるように、国籍・国境という国民国家の外的境界によるレイシズムは、最も否定することが困難なレイシズムである。

ところが反レイシズムの力は国籍「区別」のかなりの部分を否定することにも成功している。国連人種差別撤廃委員会は二〇〇四年に「市民でない者に対する差別」(一般的勧告三〇)と題した勧告を出した。そこでは右の第一条第二項が「差別の基本的な禁止を害することを回避するよう解釈しなければならない」と明言した上で「4. 条約上、市民権または出入国管理法令上の地位に基づく取扱いの相違は、次のときには差別となる」と指摘した。それは「当該相違の基準が、条約の趣旨および目的に照らして判断した場合において正当な目的に従って適用されていないとき」と「当該目的の達成と均衡していないとき」だ。

つまり国際社会ではたとえ国籍「区別」のように見えても、実際にはレイシズム（ルーツにまつわる集団への不平等）であればそれはレイシズムに当たり違法である。国籍（や市民権）が無い人々への差別が国籍「区別」の名の下に実施される場合はレイシズムだ。

欧米ではレイシズムを禁止すること（人種・民族・宗教などの区分線）は大前提となっている。その上で国籍「区別」についても既に大半が国籍法で生地主義（領土内で生まれたら国籍を与える）を導入しているため移民二世以降は国籍「区別」の対象にはならない。その上で国籍「区別」だとしても実態がレイシズムであれば禁止すべきという規範がグローバルスタンダードになっている。

†反レイシズムvs入管法——移民政策をつくりだす対決

ここで国籍とレイシズムの関係を考えるために、国民国家における反レイシズムと出入国管理法（入管法）の対立・対決・衝突について整理しておこう。

第一に、反レイシズム規範は市民社会のレイシズムと闘うなかで、必ず国籍や入管という国民国家の境界という壁にぶち当たる。ウォーラーステインがいう世界システムの上部構造としてのインターステイトシステムつまり諸国家間システムが崩れない限り、反レイシズムは国民国家の境界で機能するレイシズムを全廃することは困難であるだろう。次にみる通りこの国民国家の境界で機能するレイシズムこそナショナリズムを最後まで支える。

第二に、反レイシズムはそれにもかかわらず入管法と対立・対決・衝突し、入管法の内容や実際の運用でレイシズムを抑制することが可能である。たとえば米国では公民権運動によって一九六四年に人種隔離などを一掃する包括的な差別禁止法がつくられただけでなく入管政策上のレイシズムも撤廃させることに成功した。一九五二年の冷戦期に反共政策によってつくられたマッカラン・ウォルター法と呼ばれる移民国籍法は、一九二〇年当時の米人口センサス時の人種比を維持するため入国者を国籍別に差別した。しかし公民権運動の成果によって六五年にはこの移民国籍法を大改正し入管政策での国籍別割り当てを全廃することに成功したのである。

さらに第三に、反レイシズムは一旦入国した難民・移民・その家族に対してシティズンシップを認めさせる闘争を入管法との対決のなかで行うことで、入管法の内容・運用だけでなく、公式／非公式の多様な移民の統合政策を国家につくらせることを可能にした。たとえば米国でトランプ大統領がDACA（オバマ政権がつくった、幼少期に親と入国して非合法滞在となった若者への在留制度）を廃止して対象者を強制送還しようとすると、州やサンクチュアリシティと呼ばれる移民のシティズンシップを保障する都市がそれに真っ向から異を唱え、差別だとの抗議や訴訟提起などをする。地方政府や学校や地域社会での反レイシズムのシティズンシップvs連邦入管法という対抗関係の構図が明示的に表現されている。

第四に、その結果つくられた統合政策は国境での入管政策（誰を国外から入れるか）との何らかの政策的整合性を取ることを国家と官僚に迫ることができる。

つまり差別を禁止して人間の不平等を許さない反レイシズムの論理は、人間を人種化して国民／外国人をつくりだし、生きるべきもの／死ぬべきものに分ける社会防衛のレイシズムを国籍区別として正当化する入管法の論理と根本から対立する。職場から学校や宗教施設や地域コミュニティ、あるいは市町村自治体から国レベルまで、あらゆる社会領域で入管法が国民／外国人の分断を作り出そうとすることを市民社会の反レイシズムが阻止する。この対決と闘争こそ、主権国家の根幹をなす入管法を廃絶できないものの、入管法を制約し移民政策をつくらせることで可能な限りマイノリティのシティズンシップを実現する。[7] それによってはじめて成立するのが次に説明するスリーゲートモデルだ。

†スリーゲートモデルとシティズンシップ

その前にシティズンシップとは何かを再考しなければなるまい。英国福祉国家成立期の五〇年代にT・マーシャルはシティズンシップを、それぞれ層をなす三つの権利の複合として分析した。経済的自由を意味する市民的シティズンシップは一八世紀に、参政権を意味する政治的シティズンシップは一九世紀に、社会的生存権を意味する社会的シティズンシップは二〇世紀に実現し、一九五〇年代には三つが層をなすとした。[8]

機会の平等に親和的な市民的シティズンシップと、結果の平等に親和的な社会的シティズンシップの間には対立がある。そしてマーシャルはこれを資本主義社会の階級対立と闘争によって、つまり労働市場を規制するユニオニズムを基盤にした労働党政権による福祉国家成立によって、階級妥協の産物としてシティズンシップが実現したとするのである。

ここでマーシャルのシティズンシップ論が一九五〇年代の英国の、いわゆる白人男性労働者中心の「英国人」のものだったことが重要となる。欧米で移民の存在が当然となりそのシティズンシップの実現が問われた九〇年代にロジャース・ブルーベイカーはシティズンシップが国民国家の公的な成員資格という排他的形態を持つという極めて重要な指摘を行った。本書の立場からいえばこれこそシティズンシップが国民国家どうしの壁というレイシズムで分断されざるを得ないという限界を言い当てたものである。他方でヤスミン・ソイサルのようにグローバリゼーションのなかでシティズンシップは脱国民化していき移民の権利は拡大していくと主張する論者も現れた。

その双方を批判するクリスチャン・ヨプケは戦後の反レイシズムを経験した欧米の「リベラル国家」でのシティズンシップのリベラル化こそ、移民のシティズンシップ実現にとって重要な役割を果たすとした。ブルーベイカーのいう主権国家の成員資格という排他性があるもののそれを押し広げ事実上のシティズンシップを闘い取る闘争次第では移民の権利は勝ち取りうる。他方で、だからといってソイサルのように移民のシティズンシップ拡大が何かの法則のように確定的だということでもない。

重要なことはシティズンシップとは常に主権国家の入管法によるレイシズムの論理と、差別禁止の反レイシズムの論理とに引き裂かれているということだ。そして国家の入管法に抗する反レイシズムのシティズンシップ闘争によってはじめて認められるのが移民のシティズンシップである。スリーゲートモデルはここではじめて成立する。

それは八〇年代のヨーロッパを念頭に現代の移住労働者のシティズンシップを分析するためにトーマス・ハンマーによって考案された図だ（図表10）。国民国家を、権利を制限する三重の同心円にみたて、外国人が通る①国境②居住（永住）③国籍の三つのゲート（関門）があるとする。[9] 伝統的な近代国家は、一番外側に国境の壁（短期滞在許可）を、一番内側に国籍の壁（国籍取得）を設けた。だが戦後欧米では移住労働者が増加し、国境の内側と国籍の外側に国家が公的なシティズンシップを認めない長期滞在者が増えることになった。だが欧米ではオイルショック以後も在留し続ける在留外国人に対しレイシズムが増大するとともに、反レイシズムのシティズンシップを認めさせる闘争が起き、結果としてその人たちはデニズンシップ（デニズンという長期滞在者に事実上のシティズンシップを認めるという意）という、国籍を取得しなくても事実上のシティズンシップを勝ち取り、それを国家に公認させて制度化させることになった。この歴史的現実をハンマーはモデル化したのだった。

ところがこのスリーゲートモデルは日本では通用しない（図表11）。日本では永住資格を取得するのに必要な居住期間より（原則一〇年。元々二〇年が一九九九年に半減）、帰化

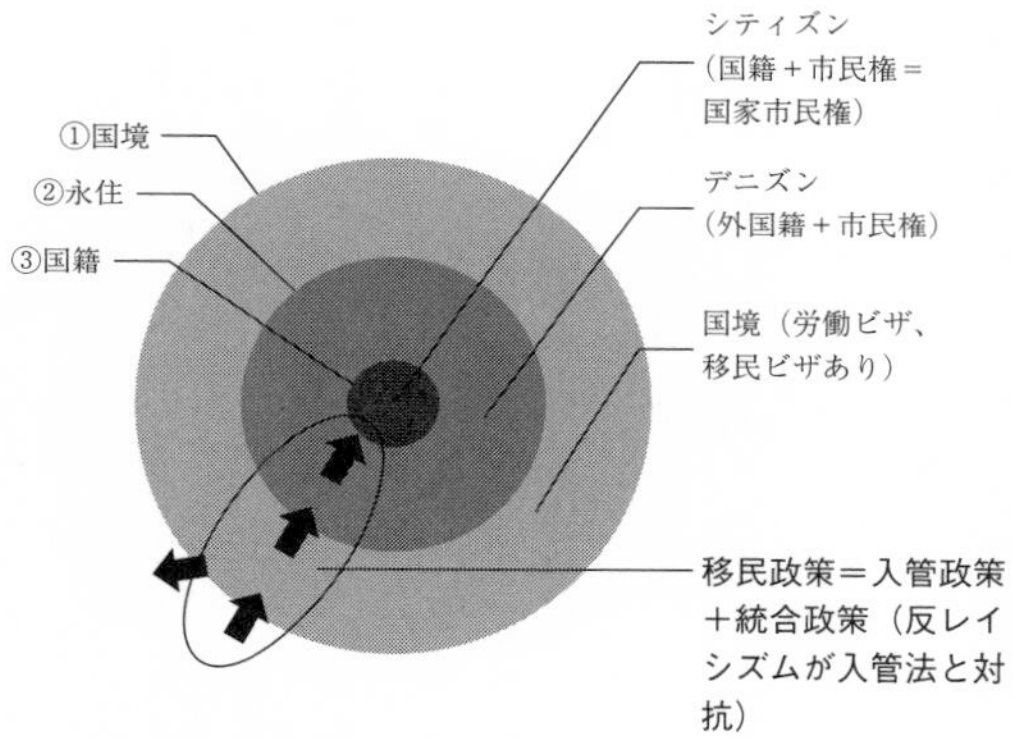

図表10　欧米の移民政策スリーゲートモデル
出典：トーマス・ハンマー著、近藤敦監訳『永住市民と国民国家――定住外国人の政治参加』明石書店、をもとに改変

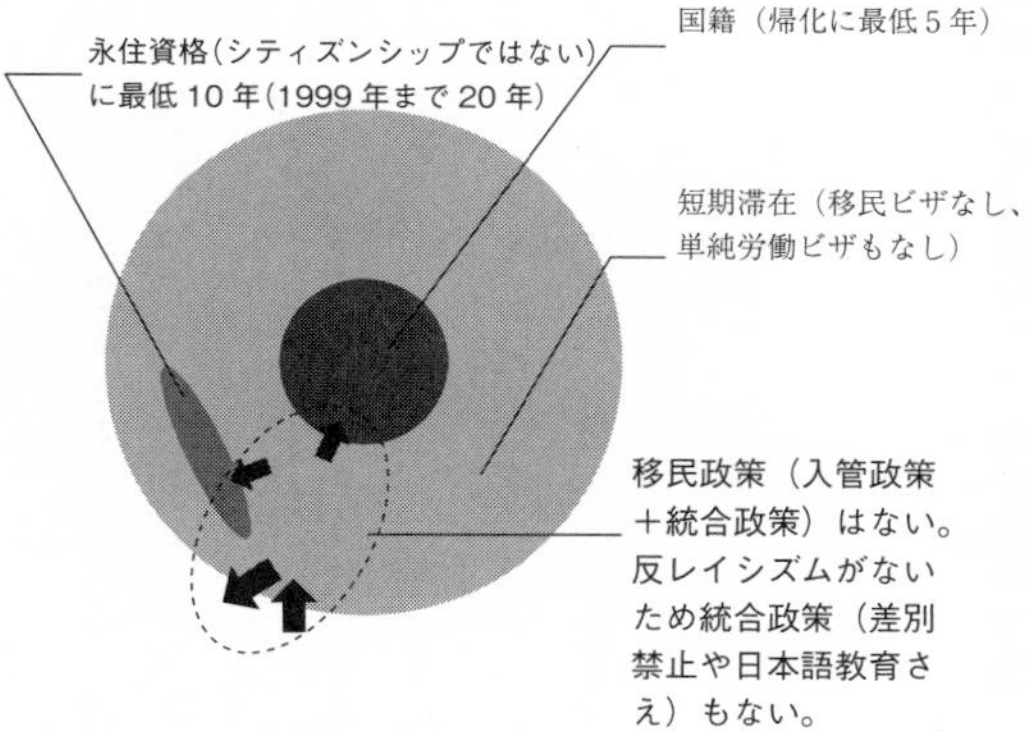

図表11　日本の1952年体制
著者作成

（日本国籍取得）のほうが短い（五年）という、他の先進国とは真逆の、転倒した制度がまかり通っている（MIPEX対象国で同じなのはトルコのみ〔永住八年、帰化五年〕）。近藤敦はこれを欧米の「スリーゲートモデルに反する日本の特殊性を示している」と評した。

特別永住や永住という在留資格はあるが、これは欧米のデニズンのようにシティズンシップが認められたものでは全く無い。選挙権は国政どころか地方参政権もない。差別禁止法が無いため差別から無保護である。日本語教育さえ制度的に保障されていない。多文化政策どころか多言語政策でさえ国レベルでは存在しない。そもそも永住資格者であっても再入国許可を事前にとらせるという不合理な制度のため、二〇二〇年春の新型コロナウイルス流行時に、外国に滞在していた日本の永住者や中長期滞在者はみな原則入国禁止され、大きな国際問題となった。

一体なぜなのか。もちろん反レイシズムが無いせいである。

繰り返しになるが、資本主義社会である以上、入管法という近代の主権国家の根幹をなす国籍・国境規制を廃絶することはできない。しかしその上で反レイシズムは労働・学校・地域コミュニティや自治体などの各局面で入管法と対立しそれを制約することができる。各社会領域での反差別、平等を守らせる社会運動とそれに支えられた政策次第で反レイシズムは、社会防衛のために国民／非国民を選別し追放しようとする入管法の論理を抑え込むことができる。差別禁止法や多文化主義など統合政策をつくり、入管政策との整合性をとった移民政策をつくらせることもできる。

逆に言えば、反レイシズムゼロつまり最低限の反差別ブレーキとしての差別禁止法さえつくれない国では、反レイシズムvs入管法の明示的な対決さえ起こらない。むしろレイシズムの社会防衛を掲げた入管法が正義として通用し、入管法上の例外・特権をつくらせる以外にマイノリティの「権利」を認めさせることができない。日本がその証拠だと言えよう。

†ナショナリズムという隠れ蓑

反レイシズムvs入管法で焦点となるのがナショナリズムだ。両者の対立・衝突が、入管法を抑えこみ移民政策をつくらせるレベルまで達すれば達するほど、レイシズムはますますナショナリズム（国籍による選別等）という隠れ蓑に逃げ込む。

反レイシズム規範による妨害を受けてレイシズムはますますナショナリズムを隠れ蓑にするように戦略や戦術を変えつつある。シリア難民へのEU諸国の過酷な対応から明らかなように先進国の側が国籍「区別」だと言い張ることであくまでも難民の人権を否定しようとする動きがせめぎあっている。要は欧米はじめ世界では反差別ブレーキの妨害を直接受ける人種差別ではなく、国民国家の国籍・国境の分断線を通じた差別が問題となっている。

だが反レイシズムゼロの日本では、欧米と状況が少なくとも三重に異なる。第一に反差別ブレーキがないのでレイシズムはほぼ妨害を受けない。第二に日本には移民政策はおろか差別禁止法も存在しないのでナショナリズムのなかに移民を取り込もうという主張も極めて脆弱である。第三にレイシズムは日本でもナショナリズムを隠れ蓑にしているが、欧米と異なって反レイシズムをかいくぐる高等戦術でさえない。植民地支配時代のレイシズムを戦後は旧植民地出身者の日本国籍を喪失させ「外国人化」したうえで「単一民族神話」型のナショナリズムを隠れ蓑にすることで継続させてきたのである。

このことはバリバールがいうナショナリズムとレイシズムの節合が、戦後日本では独特の癒着をしていることを示すが、これは第七章で取り上げる。次章では①人種と②国籍・国境との、二つの分断線を狡猾に用いる日本のレイシズム政策について説明する。

一九五二年体制——政策無きレイシズム政策を実施できる日本独自の法

本章からはいよいよ日本のレイシズムを在日コリアンへの差別を題材にしてみていく。

†戦後在日朝鮮人への差別政策

在日コリアンへの日本政府の差別政策の実例はいくらでも挙げることができる。まず選挙権がない。国政も地方もだ。教育委員、公安委員にもなれない。それから教育を受ける権利もない。「国民」にしか教育権は認められていないからだ。公務就任権も制限されている(地方公務員は自治体ごとに容認しているところもあるが昇進に制限がある)。在留資格こそ特別永住資格が認められてはいるが、日本人と平等のシティズンシップが日本社会で公認されているとはいいがたい。実際、事前に再入国許可を得ずに、一歩でも日本の外に出たら、永住資格はなんと取り消され得る。犯罪を犯したら懲役か禁錮《きんこ》七年以上であれば、国外退去させることもできる不安定な立場にある。日本人と一つだけ平等な点がある。それは平等に税金を取られるということだ。

ところがかつて人種隔離を正当化した米国のジムクロウ法やナチドイツのニュルンベルク法や南アのアパルトヘイトのように、人種差別を公然の目的とした公的な差別政策や法律は日本には一つも存在しないのだ。

†人種差別ではなく国籍区別?

では上記の差別政策は、公的な差別政策でないとしたら、いったいどんな政策によって実現されるのか。それは入管法である。在日コリアンへの差別政策は、かつて欧米で行われていた露骨で公的な人種政策ではなく、むしろ一般的でニュートラルな入管法を用いて行われてきたのである。

だから上の差別は、日本国籍をもつ在日コリアンには、じつは直接当てはまらない。後述する通り日本国籍の在日コリアンも制度的に差別されているものの、少なくとも日本国籍さえ持てば参政権も公務就任権も教育を受ける権利もパスポートの取得も在留権もすべてクリアできはする。そして国籍を取得しさえすれば国民としての権利を十全に享受できるという意味では、欧米の先進国と全く同じなのである。

だから在日コリアンへの差別政策は極めてわかりにくい。一方では日本生まれ日本育ちの在日コリアンには学校教育から排除し選挙権も否定しておきながら、他方では日本国籍を持ちさえすれば全く日本人と平等に権利が認められる。国籍法と入管法だけなら、それは全世界の国民国家に共通する国民／外国人の区別であって、人種差別政策は存在しないのではないか？　問題は万国共通の国籍の問題ではないのか？と考えるかもしれない。

だがそれは間違いだ。日本政府の在日コリアンへのレイシズム政策は明確に存在し、現在も続いている。岡本雅享によると日本では「一九八〇年代半ばまで在日外国人≒在日旧植民地出身者の朝鮮民族と漢民族であり、政府による旧植民地出身者に対する民族政策が国籍制度とその後の国籍条項、同化を要求する帰化制度によって行われ、民族差別が「国籍区別」によってカモフラージュされ、民間でも外国人差別≒民族差別として行われてきた」[1]。それは一九五二年に在日コリアンの国籍を剥奪し入管法を全面適用する形で実践されている極めて特殊なレイシズム政策なのである。それが一九五二年体制と呼ばれる入管法制である。

入管法制には国境を出入りする人間の管理（出入国管理）を行う法制度という狭義のも

のに加え、より広義には国籍を理由にした差別法制の総体（社会保障含む）や右の岡本が指摘する「外国人差別〓民族差別」というレイシズムを支える法制を含めうる。広義の入管法制としての一九五二年体制を考察するためにまず、狭義の入管法制を解説しよう。

†一九五二年体制という日本独特のレイシズム法制

一九五二年体制とは大沼保昭によると「出入国管理令〔①入管法〕、外国人登録法〔②外登法〕、法律第一二六号〔③法一二六〕を柱とする入管法制」[2]のことである。戦後日本がGHQ占領下から独立した、サンフランシスコ講和条約の発効日である同年四月二八日（四・二八）に整った外国人管理制度だ。

後述する通り、歴史的には一九五二年体制は、GHQ占領期に官民挙げて米国に協力した朝鮮戦争下の日本で、同年米国でつくられた反共主義とレイシズムに基づいた国籍別割り当てを規定したマッカラン・ウォルター法（前述）をモデルにして、最初から在日コリアンの弾圧を目的としてつくられた。[3]それだけでなくその施行日である四月二八日に在日コリアンの日本国籍を「喪失」させることで、朝鮮植民地時代からの戸籍を駆使したレイシズム法制を、入管法制として継続させた。

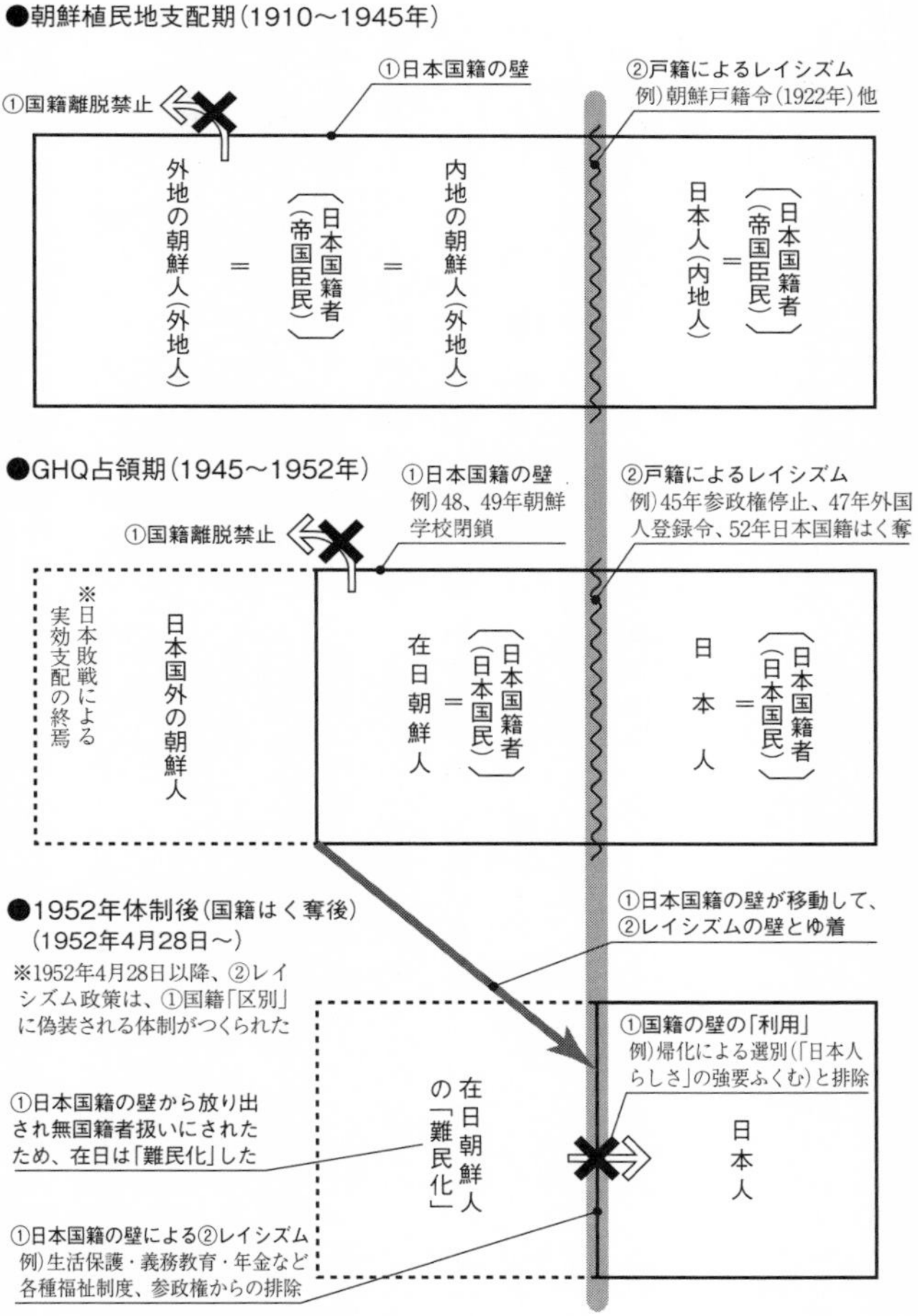

図表12　1952年体制の成立(レイシズムの壁の連続性)

出典:梁英聖『日本型ヘイトスピーチとは何か——社会を破壊するレイシズムの登場』影書房

重要なことは一九五二年体制が戦前の朝鮮植民地支配のレイシズム法制を入管法制によって継続させているということである[4]（図表12参照）。以下、最低限の事項を確認しよう。

†朝鮮植民地支配のレイシズム政策

植民地支配時代の日本の朝鮮人支配の法的枠組みは次のようなものであった。「朝鮮人の地位は、①「韓国併合ニ関スル条約」を根拠に朝鮮人を帝国臣民として一律日本の統治権に包含する、②朝鮮人の日本国籍離脱を防止するため朝鮮に国籍法を施行しない、③臣民内の支配民族と被支配民族の差異を維持するために戸籍で朝鮮人・日本人を峻別しつづける、という三本の柱でできていた」[5]。一九一〇年の韓国併合によって①「日本国籍の壁」によって朝鮮民族を囲い込み、②「国籍の壁」から出られないようにカギをかけ、③その上で戸籍という「レイシズムの壁」を法制度として貫く、ということである。

朝鮮植民地支配は国籍の壁とレイシズムの壁を巧妙に使い分けたレイシズム法制でもあった点に注意されたい。

国籍の壁によって日本政府は、一九一〇年韓国併合によって朝鮮民族全員を大日本帝国臣民として法律上の支配の対象にすることができた。たとえば中国東北地方の在中朝鮮人

（植民地支配による生活破壊によって生み出された離散朝鮮人）を「邦人」（日本国籍者）として保護を名目に侵略の口実に利用するとともに、他方では朝鮮独立運動を行う彼らを軍事的に「討伐」することを正当化する口実にも利用した。朝鮮人にとって日本国籍はいわば植民地支配に閉じ込めるための「壁」であった。

しかし第一次世界大戦後に在日朝鮮人の人口が急増し、日本政府は「内地」で朝鮮人と日本人の間に法的な区別がなくなるリスクに直面した。ゆえに一九二二年に大日本帝国は朝鮮戸籍令を制定し、内地戸籍と外地戸籍を峻別することで法的に両者を区別するレイシズム法制をつくった。

つまり朝鮮植民地支配において朝鮮人の法的な支配は、①日本国籍の壁に囲い込み義務を押し付けると同時に、②戸籍というレイシズムの壁によって権利をはく奪し差別する、というやり方をとった。この国籍・レイシズムの二重の壁を組み合わせる方法が敗戦後のGHQ占領期にも、基本的に引き継がれるのである。

†GHQ占領期も継続したレイシズム政策

一九四五年八月一五日の日本敗戦／朝鮮解放後、二〇〇万を超えていたといわれる在日コリアンは直後に帰還した人々を除いて、植民地支配の後遺症としての経済・生活の破たんや急激な帰還人口の増加、米ソによる朝鮮半島の分断に加え、コレラ流行などにより、およそ六〇万の在日コリアンが日本在住を余儀なくされた。

在日コリアンは在日本朝鮮人連盟を結成し、帰還や未払い賃金獲得から民族教育まで様々な課題に取り組むことになるが、敗戦直後のレイシズムとも闘わねばならなかった。

GHQ時代に見逃せないのは新たな戦後的特質を持ったヘイトスピーチ「三国人」の登場である。一九四六年八月臨時国会で進歩党の椎熊三郎は「第三国人の傍若無人な振舞いに対する処置」を質問し、「ことに終戦当時まで日本人として生活していた台湾人、朝鮮人らが、終戦と同時にあたかも戦勝国民のごとき態度をして、その特殊なる地位立場を悪用して、わが日本の法規と秩序を無視し、傍若無人の振舞いを敢えてなしきたったことは、実に黙視するあたわざるところである（拍手）」と発言している。[6]

これに朝鮮人は「朝鮮人民にたいする宣戦布告」として強く抗議（朝連三全大会）した。だが戦前でさえ「在日朝鮮人問題にかんするかぎり、政府・マスコミ・民衆が一体化するという思想現象は戦前の支配的現象であったが、敗戦後の当時もとりわけ顕著であった」といわれており、実際マスコミも「朝鮮人の戦後の生活振りは、率直にいって日本人の感情を不必要に刺激している」(『毎日新聞』四六年七月一三日)などと報じていた。

このような状況下で、日本政府のレイシズム政策は、戦前と同じ、日本の国籍によって閉じ込めると同時に戸籍によって差別化をはかる方法を踏襲することになる。GHQはといえば当初から在日の国籍問題についてはあいまいな態度をとり、事態の推移にともなって在日の日本国籍保持による法的拘束を追認し、日本政府による支配権限を認めていった。

国籍については一九四五年一一月の有名なGHQの「初期の基本指令」(日本占領及び官吏のための連合国最高司令官に対する降伏後における初期の基本指令〔一九四五年一一月一日〕)に、「台湾系中国人及び朝鮮人を、軍事上安全の許す限り解放民族として取り扱う。彼らは本指令に使用されている「日本人」という語には含まれないが、彼らは、日本臣民であったのであって、必要の場合には、貴官は、敵国民として処遇してよい」とされた。[7]

基本的には「解放民族」つまり日本臣民ではないが、あくまでも「軍事上安全の許す限り」のことであって「必要の場合には」「敵国民」＝日本国籍者として扱ってよいとされた。GHQが玉虫色の解釈を可能にしたことは、その後日本政府が在日コリアンを戦前となるべく変わらない形でレイシズム政策の対象とすることを許す条件となった。

日本政府によって維持されたのはレイシズムの壁も同じだった。たとえば一九四五年一二月、改正された選挙法の附則で「戸籍法の適用を受けざる者」という表現で参政権が「停止」されている。女性の参政権を初めて認めたその選挙で選出された議員によって日本国憲法が審議され、一九四七年五月三日に施行された。新憲法の誕生時からレイシズムによって旧植民地出身者（と米軍占領下の沖縄も）は排除されたことになる。

また外国人登録令（外登令）はその新憲法施行の前日、一九四七年五月二日に天皇最後の勅令（勅令第二〇七号）として制定された。戦後入管法制の起点となった四七年外登令は後の外登法と入管法を兼ねる法律だったが、それは外国人の入国を原則禁止し、国内にいる外国人の登録を義務付けた。

これだけでは外登令は外国人一般を対象とした入管法でしかない。しかし第一一条で「朝鮮戸籍令の適用を受けるべきもの」の「適用については当分の間外国人とみなされる」とされた。たった一行の挿入によって外登令は朝鮮人弾圧法になった。外登令は在日コリアンを日本国籍の壁に閉じ込めたまま、その内部ではレイシズムの壁により差別政策の対象とすることを可能にした。このことは「国籍選択権を行使しないまま〔四・二八に〕日本国籍から離れてゆく直接の法的端緒となった」[8]。

ちなみに一九五一年に制定された出入国管理令についても草案で日本政府は外登令と同

じく「外国人とみなす」という条項を入れようとしたが、このときばかりはGHQの反対に遭って挫折した。[9] レイシズムを維持したい日本政府と反共主義のGHQの立場はかならずしも一致せず場合によっては対立した。

このように戦後もGHQ時代を通じて、日本政府は在日コリアンを国籍の壁に閉じ込めながら、レイシズムの壁によって差別政策を行うという法制は維持されたのである。

レイシズム政策の一つが朝鮮学校強制閉鎖であった。戦後在日コリアンは在日本朝鮮人連盟を結成し、奪われた朝鮮語や文化を取り戻し新しい社会建設の担い手を育成すべく朝鮮学校を全国各地に建設する。最盛期にはおよそ五〇〇校・五万名を超えるまで広がった。

そのような朝鮮学校をGHQ占領期の日本政府は四八年、四九年に「学校閉鎖令」を出して強制閉鎖する。有名な四八年四月二四日の阪神教育闘争では数千名もの朝鮮人群衆が県庁に押し寄せ、一時は知事に閉鎖令を撤回させたものの、占領軍によって戦後唯一の非常事態宣言（戒厳令に同じ）が発令され、水平射撃をふくめた暴力によって弾圧された。当時一六歳のマッチ売りをして生計を立てていた金太一少年が射殺され、二〇〇〇名あまりが逮捕された。

この朝鮮学校閉鎖令はなんと在日朝鮮人が「日本国民」だから日本の学校に通うべきだ

というものだった。つまり日本国籍者だからという理由で朝鮮学校を暴力的に弾圧し、(内地)戸籍でないからという理由で選挙権を停止し外国人登録を強制し、国外追放も可能にしたのである。もちろん「日本国民だから」が口実に過ぎないことは、学校閉鎖の張り紙を朝鮮学校に貼った神戸市の小寺市長が交渉に来た朝鮮人代表に向かって言い放った「あなた方は市民権がない、お客さんにすぎないからおとなしくしていろ……日本がお気にいらなければ、あなた方の立派なお国にお帰りになったらよろしかろう」によくあらわれている。日本国籍と戸籍の使い分けはむしろレイシズム政策を一貫させる道具だった。

†旧植民地出身者の国籍「喪失」

そして四・二八のサンフランシスコ講和条約発効時に日本政府は外地戸籍者を一律日本国籍喪失させるという暴挙に出た。いわくサ条約は朝鮮の独立を認めている、だから原状復帰が必要で、だから国籍も元に戻した、という暴論であった。しかもそれは一九五二年四月一九日付の通達(法務府民事局長通達第四三八号)によってなされた。

この通達による国籍剥奪措置は幾重にも問題だった。列挙すると、①そもそもサンフランシスコ講和条約にはなんら在日朝鮮人の国籍について規定がない。②サ条約を議論した講和会議には一人の朝鮮人も出席しておらず意志も反映されていない。③国籍選択権が一切認められない（他国の事例では認められた）。④憲法違反である（法律で国籍を定めるとする憲法一〇条）。

日本国籍を奪われた在日コリアンの法的地位はどうなったか。今度は日本国籍という壁の外に放逐された者という意味での「外国人」として、出入国管理令（入管令）と外国人登録法（旧外登令を引き継いだ五二年制定）の全面的な適用対象となり、日本国民には課せられない指紋押捺を強制されることとなった。

朝鮮人・台湾人は無国籍者扱いとなり、生存権を根底から支える在留権を奪われ、指紋押捺と常時外国人登録証の携帯を義務付けるとともに、些細な口実で強制送還を強いられる不安定な立場に、つまり事実上の「難民以下」の法的地位に落とされたのである。

†戦前の「帝国臣民」から戦後の「外国人」まで一貫するレイシズム

以上のようなレイシズム政策の変遷をどう分析すべきか。田中宏はGHQ時代について「在日朝鮮人は、ある面では「外国人」とみなされ、またある面では「日本国民」とされたということになり、結局は当局側にとって都合のいいように扱われた」と表現している。[10]

そして植民地支配時代は「帝国臣民」とされたが、GHQ時代を経て、五二年以降は「外国人」とされた、と。

しかし疑問が残る。GHQ時代、あるときは「国民」としてあるときは「外国人」として扱われたといえるだろうか。

そうではなく鄭栄桓が言う通り「「臣民」と「外国人」という法形式上の差異にもかかわらず、其処に継続する支配の実態を重視すべき」[11]であろう。

むしろ植民地時代、GHQ時代、五二年以後とは、一貫して朝鮮人を人種化して日本人と分けるレイシズム政策が貫徹しており、それが国籍と戸籍の二つの制度によって支えられてきた、とみるほうがよく理解できるはずだ。

ただし日本の在日コリアンへのレイシズム政策は、公的な体系性をもった明示的プランではなく、むしろ国籍と戸籍を恣意的に使い分け、官憲の広範な裁量性に依拠している。中でも当局者の思想をよく教える貴重な資料が、一九四九年八〜九月に書いたと推定されている吉田茂首相がマッカーサーに在日朝鮮人全員の送還を進言した書簡だ[12](図表13)。

手紙は朝鮮人を一くくりにして、日本人が食べるべき食料を食いつぶす人種として描き、共産主義思想を抱く「過激派」として、しかも犯罪者とした上で、全員強制送還を訴えて

総理府　東京

元帥閣下

日本の戦後問題のひとつとして、以前は日本国民であり、現在も日本に残留している朝鮮人並びに台湾人に関する問題があります。

ここでは、さしあたり、台湾人の問題は除外します。彼らはその数も比較的少なく、またほとんど問題を起こしておりません。

しかし、朝鮮人居住者の問題に関しては、早急に解決をはからなければなりません。彼らは、総数一〇〇万人近く、その約半数は不法入国であります。

私としては、これらすべての朝鮮人がその母国たる半島に帰還するよう期待するものであります。

その理由は、次の通りであります。

(1) 現在および将来の日本の食糧事情からみて、余分な人口の維持は不可能であります。米国の好意により、日本は大量の食糧を輸入しており、その一部を在日朝鮮人を養うために使用しております。このような輸入は、将来の世代に負担を課すことになります。もちろん、我々は一銭も残さずに償還する決意でありますが、朝鮮人のために負っている対米負債のこの部分を将来の世代に負わせることは不公平であると思われます。

(2) 大多数の朝鮮人は日本経済の復興に全く貢献しておりません。

(3) さらに悪いことには、朝鮮人の中で犯罪分子は大きな割合を占めております。彼らは、日本の経済法令の常習的違反者であります。彼らの多くは共産主義者並びにそのシンパで、最も悪辣な種類の政治犯罪を犯す傾向が強く、常時七千名以上が獄中にいるという状態であります。

戦後の朝鮮人による起訴犯罪事件数は次の通りです。

年	事件数	朝鮮人関与者数
1945 (8月15日以降)	5334	8355
1946	15579	22969
1947	32178	37778
1948 (5月31日まで)	17966	32133
計	71059	97235

さて、朝鮮人の本国送還に関する私の見解は次の通りであります。

(1) 原則として、すべての朝鮮人を日本政府の費用で本国に送還すべきである。

(2) 日本への残留を希望する朝鮮人は、日本政府の許可を受けなければならない。許可は、日本の経済復興に貢献する能力を有すると思われる朝鮮人に与えられる。

上述のような見解を、原則的に閣下が御承認くださるならば、私は、朝鮮人の本国帰還に関する予算並びに他の具体的措置を提出するものであります。

敬具

吉田　茂

連合国最高司令官
ダグラス・マッカーサー元帥

図表13　吉田首相がマッカーサーに進言した書簡

出典：『法律時報』51巻4号（1979年）掲載の大沼保昭訳より引用（原文は英語でマッカーサー文書館所蔵）。漢数字を算用数字に改めた箇所がある。なお「事件数」「朝鮮人関与者数」の「計」は計算が合っていないがそのままとした。

いる。まさしくレイシズムの見本のような手紙である。

そしてこのレイシズム政策はいまや入管法制の五二年体制によって支えられているのだ。

†一九五二年体制と在日特権——法一二六という元祖「在日特権」

右の事態を入管法の立場からみると、その別の深刻さがみえる。

構造に注目すると、一九五二年体制は一般法としての入管法（①②）と、その例外を規定する特別法（③）という、二つの異なるタイプの法律から成る。
①入管法は、国境を行き来する人の管理を規律する法律であり、②外登法は、国外から入国した外国人を出国するまで管理する法律であった（二〇〇九年の大改正で②が廃止①の入管法に統合）。この①②のレベルの入管法制は基本的に外国人が、外国のパスポート（旅券）を持ち、入国前にビザ（査証）を取り、上陸・入国を経て、定められた在留資格・在留期限で在留した後は、期限内に出国する、というやり方で管理する。逆に言えば旅券もビザも持たない外国人は入管法では在留資格がないため、原則として日本に入国することができない。
ところが植民地支配によって日本に居住することになった朝鮮人は当然ながら旅券もビ

ザもない。旅券・ビザ・在留資格などあるはずがない在日コリアンを、入管法上は国籍の壁の外にいる「外国人」として「平等」に全面適用するとどうなるか。入管法上のどの在留資格にも当てはまらない不法滞在の「外国人」が六〇万も一夜にして増えることとなる。

そのためにつくられた特別法が法一二六だった。右の一般法に対し、③法一二六は特別法の関係にある。正式名称「ポツダム宣言の受諾に伴い発する命令に関する件に基づく外務省関係諸命令の措置に関する法律」（昭和二七年法律第一二六号）といい、長いので関係者が「法一二六」と呼ぶ。それは朝鮮人・台湾人という旧植民地出身者にのみ特別に在留資格なしでも在留してよいと定めた特例法であった。これこそ「在日特権」の筆頭に数えられる入管特例法の淵源である。これは断じて優遇措置ではなく、在留資格なしという極めて不安定な状況に追い込むレイシズム政策であった。

また不当なことに法一二六の対象には全ての在日コリアンは含まれなかった。その対象は、①一九四五年九月二日から五二年四月二八日まで引き続き日本に在住した朝鮮人と②その朝鮮人が五二年四月二八日までに出生した子に限定された。このカテゴリが決して在日朝鮮人の定義になりえないことはいうまでもあるまい。まず一度でも朝鮮半島と行き来した者は含まれない。朝鮮戦争の難を逃れ日本にやってきた者も、である。植民地支配を通じて朝鮮半島と日本との間に生活圏がつくられ、頻繁に行き来してきた植民地出身者にとって、あまりにも実情に合わない、無理のあるカテゴリであった。

そして法一二六によって在留資格なしで滞在できた在日から産まれた子については、何らの規定もなかった。それでも「平等」に入管法を適用すれば「不法滞在」になる。政府は法一二六の対象とは認めず「特定在留」という三年に一度更新しなければならない不安定な法的地位に追いやった。さらにその子（孫）は在留期間の更新期限が一年もしくは三年とさらに短くなる「特別在留」とされた。[13]

つまり法一二六は、在日朝鮮人の歴史と実情を踏まえその存在を公認して生活の権利を保障した政策ではまったくない。反対に無理やり国籍を失わせた在日を当面居てよいとする極めて場当たり的例外的な措置にほかならない。そのためこの法一二六は法律上の「離散家族」をつくりだす機能を果たし、家族・親族内部で法的地位がばらばらになり、しかも子・孫と代が下るごとに法的地位はより不安定になるように仕組まれていた。

ここに在特会（次章参照）らがいう「在日特権」のロジックをみることは容易だろう。一九五二年体制がすでに、外国人は原則日本に入国する権利も在留する権利もないはずなのに（一般法である入管法①外登法②）、在日コリアンだけは入管法上の特別に優遇されている（特別法③法一二六）、という論理なのである。特別永住資格が「在日特権」であるとする発想はこのような一九五二年体制の構造に由来する。日本政府はこのときから国籍剝奪をした上で、一般外国人と在日の形式的「平等」を口実に使うことで、事実上在日コリアンへのレイシズム政策をつくることができたのである。

†公的な反差別・外国人政策ゼロのまま、外国人政策として代用される入管法制

以上説明した一九五二年体制は、今日も生きている。五二年体制の一般法部分については二〇〇九年の大改正によって外登法が廃止、入管法に吸収一本化されている。在日旧植民地出身者を例外扱いする特別法部分は法一二六の後も、六六年の入管特別法（日韓法的地位協定時の協定永住）、八二年の改正入管法（難民条約締結時の特例永住）を経て、一九九一年の入管特例法によって今日の特別永住資格がつくられている。

今日まで戦後日本社会で五二年体制が果たした役割を改めて三つの観点から整理しよう。

第一に、それはレイシズム法を入管法に偽装する体制の成立である。日本国籍の壁の位置が、一夜にして戸籍の壁の位置にまで、移動したためレイシズムの壁が国籍の壁と癒着した。政策・法律レベルでのレイシズムが国籍「区別」に偽装されることで、非常に見え

にくくなる、というとても大きな意味を持つようになる。

第二に、一九五二年体制は反レイシズムゼロ下で外国人政策の代用物とされた。これについては前章で日本にスリーゲートモデルが通用しないことを述べたがここで三点をまとめておこう。①反レイシズムゼロで、差別禁止法もマイノリティ・多文化主義政策もつくられなかった。ゆえに在日コリアンの場合、国からマイノリティとして公認されてもいないばかりか、国籍以外にその政策上の定義さえ存在しないままである。②レイシズムに基づいた日本の戸籍＝国籍制度に、米国の出生地主義国籍法と永住者を含めた移民受け入れを想定した五二年のマッカラン・ウォルター法（移民国籍法）のうち、反共主義かつレイシズムに基づいた国籍別割り当てを規定した厳しい入管法部分だけが、接木された。③欧米のように反レイシズム規範が入管法と対決・衝突することもなく、その結果欧米ではつくられるほかなかった移民政策（入管政策＋統合政策）がつくられなかった。戦後日本には公的な外国人政策も担当省庁さえ存在しないまま、入管法一本でそれらを代用する「政策無きレイシズム政策」が実現し続けているのである。

第三に、以上の反レイシズムゼロ下での一九五二年体制が在日コリアンの権利を、外国人と平等に無権利状態におく入管法にとっての「特権」として正当化させた。

前章で入管法のレイシズムとそれに対抗する反レイシズム法制との対決が重要だと指摘した。それが欧米ではスリーゲートモデルのような移民政策をつくらせた。だが反レイシズムのない日本では、スリーゲートモデルや移民政策はおろか差別禁止法さえない。

重要なことは一九五二年体制はこれまで述べた狭義の入管法制だけでなく、それと対抗すべき差別禁止法の論理が不在であることを前提にして、国籍・戸籍法制などの国籍差別を支える他の法制と組み合わさり、日本のレイシズムを支える広義の入管法制として大きな戦術的意義を持っているということだ。

†否定される在日コリアンの権利

このような一九五二年体制は以後あらゆる領域のレイシズムの基礎となった。一例として教育でのレイシズム政策についてみよう。

前述の一九四八年の朝鮮学校閉鎖のロジックは「日本国民だから」というものであった。しかし五二年の四月二八日以後は在日コリアンの日本国籍は「喪失」する。そしてこの日本国籍を持たないということをフル活用して、朝鮮人と朝鮮学校をさらに排除するのである。日本政府は「外国人」には学校への就学義務はなく就学はあくまで「恩恵」という立場に変えた。そして東京では「外国人」のための教育に税金を使うべきでないとのロジックで、都立朝鮮人学校が廃校に追い込まれた。一九五五年のことである。

しかし一九五五年には朝鮮総連が結成され、北朝鮮への帰国運動とともに全国的に朝鮮学校再建に乗り出す。さらには日朝国交正常化と祖国往来の自由を求める日朝連帯運動を大々的に展開していった。

この事態に危機感を抱いた日本政府は日韓条約の締結に向かう六〇年代に、一九五二年体制に加え、新たな弾圧体制の構築にのりだす。次章でみる朝高生襲撃事件が起こりはじめた一九六三年六月、自民党の安保調査会では朝鮮学校問題について次のようなやり取りが行われている。

福田初等中等教育局長　（朝鮮人学校は）一切こちらで認めたものでもないし、事実上彼らが自治的にやっているもののようであります。これらについては文部省も都道府県も全然手が及ばないということでございます。

志田義信（前議員）……それが非常に日本における北鮮《ママ》〔注：差別語〕のスパイ活動の温床になっているような感じがする。

福田　だから昭和二五年ごろそういうものを事実実力をもって閉鎖したのですが、その後にまたできたのです。これは実際問題としては治安上の問題ですから、そういう問題から片づける以外にないと思います。

この認識は改まるどころか日韓条約締結前後を通じて次のように固まっていった。一九六六年六月の報告書「わが国の安全保障にかんする中間報告」には、「間接侵略による危険は現状においてもすでに存在している」「厳重な警戒を要するのに、北朝鮮政権からの破壊的、革命的な工作がある。とくにわが国に多数存在している北朝鮮系学校は、わが国において反日教育、革命教育を実施し、このままでは将来わが国に重大な脅威となろう」と明記した。反共だけでなく在日コリアンという民族集団を一様に敵視するという発想はいうまでもなくレイシズムである。この考えは日韓条約締結直前の内閣調査局が出した「調査月報」一九六五年七月号の次の有名な記述とも深くかかわっている。

わが国に永住する異民族が、いつまでも異民族としてとどまることは、一種の少数民族として将来困難深刻な社会問題となることは明らかである。彼我双方の将来における生活と安定のために、これらのひとたちに対する同化政策が強調されるゆえんである。すなわち大いに帰化してもらうことである。……南北のいずれを問わず彼らの行う在日の子弟に対する民族教育に対する対策が早急に確立されなければならない。

臆面もないエスノサイド(文化的なジェノサイド)がみられる。そして同年一二月に政府は朝鮮学校問題について二つの重要な文部省通達を出した。

「日本国に居住する大韓民国国民の法的地位および待遇に関する日本国と大韓民国との間の協定における教育関係事項の実施について」(文初財第四六四号)は、「韓国国民」は日本人学校への就学に便宜を図る取扱いを行う、というものだ。つまり日本国籍を持たない者は日本の学校へ就学する権利が無いが、「韓国国民」のみ便宜を図るのだという。

「朝鮮人のみを収容する教育施設の取り扱いについて」(文普振第二一〇号)は、朝鮮学校など民族学校については学校としては認めないとして、次のように述べている。

朝鮮人としての民族性または国民性を涵養することを目的とする朝鮮人学校は、わが国の社会にとって、各種学校の地位を与える積極的意義を有するものとは認められないので、これを各種学校として認可すべきでない。

つまり日韓条約前後の日本政府の政策は、在日コリアンの自主的な民族教育を一切認めず、むしろ「同化」させるというエスノサイド的なレイシズム政策だった。しかし、これを実施するための外国人学校法案は、当時強力だった総連とそれに連帯する市民の反対運動に遭い、四度上程されたが全てつぶされている。

結果、朝鮮学校と朝鮮人(外国人)の教育政策上の扱いは次のようになった。

第一に教育の義務と権利はあくまで日本国籍保持者のみに認められ外国人が学校に通うのは「恩恵」である。だからいつでも入学や就学を拒否できた。じっさい朝鮮人であることを理由に学校に入れてくれない事例が続発した。「騒がない」などの誓約書を書かなければ入学が認められないというケースもあった。

第二に朝鮮人学校・外国人学校は日本の教育体系からは体系的に排除されている。つまり朝鮮人は(日本国籍でない限り)日本学校にも通えないし、民族教育を受けようと思えば教育体系・保障の外で自主的な教育を行う以外にない。これは事実上レイシズムによる隔離政策であり、これは現在まで基本的に継続している。このことがわかってはじめて、朝鮮学校補助金の位置づけのあやふやさが理解できるだろう。つまり中央政府が朝鮮人の教育権を日本の公教育でも認めないし、民族教育の権利も認めないがゆえに、在日朝鮮人は革新自治体に働きかけて何とか朝鮮学校の権利を向上させる闘いを行わざるをえなかった。その闘いが一定の成果を収めたのが六〇年代以後であり、補助金もその獲得物の一つだったのである。

そして第三に、反レイシズムの差別禁止法も政策も一切つくられなかったため、政策上一九五二年体制と衝突する法・政策さえ存在しなかった。次章でみる朝高生襲撃事件が頻発した日韓条約締結前後の六〇〜七〇年代前半は、いまと比べ物にならないほど在日朝鮮人運動もそれに連帯する日本の市民運動も強力だった。自民党政権が韓国と連携して朝鮮学校や朝鮮総連を弾圧しようとした際に、外国人学校法案と出入国管理法案をすべて廃案にするだけの実力はあった。しかし同時代に米国では公民権運動によって公民権法が、欧州では反ナチ・反レイシズム運動によってネオナチ規制や差別禁止法が制定されていたとき、日本では反差別ブレーキを備えた差別禁止法は成立しなかったのである。

本書ではその理由を詳しく述べることはできないが最低限指摘しておく。第一に、朝鮮半島が南北に分断され在日コリアンも南北に分裂を強いられ、かつ本国のネイションの一員として本国の政治に関与することが社会運動の課題となったため、日本国内での「公民権」(シティズンシップ)を闘い取ることは問題にもならなかった。第二に日本の市民運動や他の反差別運動も加害者の差別する自由を社会正義によって規制するのではなく被害者支援を通じて人権回復を訴えるというスタイルであったため、普遍的な差別禁止法を闘い取るという目標を掲げなかった。

その結果日本では今日もスリーゲートモデルさえ通用しない入管法一本で外国人政策を代用する一九五二年体制が生きている。五二年体制が外国人政策の代用物とされる限り、言い換えれば差別禁止法制、マイノリティ政策・多文化主義政策がとられ、在日コリアンがマイノリティとして公認されることがない限り、政策なき差別政策は継続されるであろう。そして極右が在日特権論をはじめ、いかに低俗かつ幼稚なデマを交えようと、在日コリアンが「不当な特権」を得ているというロジックでのレイシズム煽動は一九五二年体制によって強力な正当性を与えられる。一九五二年体制は日本の極右が遊び半分であろうと本気の外国人追放であろうと、いつでも・誰でも極めて簡単にマイノリティの居住権を否定する差別煽動の武器として機能するのである。そしてこのような一九五二年体制は在日コリアンにたいしてだけでなく、外国人研修生(技能実習生)はじめ一般的に移民や難民にたいする日本のレイシズムをも強力に支えているのである。

だから一九五二年体制を崩すには反レイシズム闘争以外に道はない。本書の分析が教えるのは、反レイシズムつまり差別する権利・自由の否定、抑圧がなければ、たとえどれほどマイノリティを可視化すべく頑張ってみても、それはマイノリティの消費に終わるであろうということだ。

第六章　日本のレイシズムはいかに暴力に加担したのか

今日の日本のレイシズム現象は戦後最悪であり、しかもそれまでと異なる二一世紀的特質をもつ。かつての朝鮮植民地支配での旧型のレイシズムと連続性を持ちつつも、在特会（在日特権を許さない市民の会）が組織活動をはじめた二〇〇〇年代後半からはまったく新しいタイプの差別煽動メカニズムが駆動しているのである。

本章は差別煽動回路が異なる①六〇〜七〇年代の朝高生襲撃事件と、②八〇年代末〜九〇年代のチマチョゴリ切り裂き事件（チマチョゴリ事件）を分析し、それらとの比較から③二〇〇〇年代後半以降の差別煽動メカニズムの特徴を明らかにする。

ただし本章で扱う事例はごくわずかだ。詳細についてはぜひ前著『日本型ヘイトスピーチとは何か――社会を破壊するレイシズムの登場』（影書房）の第三章を参照してほしい。

†朝高生襲撃事件型＝反共主義の極右による非公然かつ直接の差別煽動

「神奈川朝高のソンベ（선배＝先輩）も法政二高に殺されてるしのぅ」。井筒和幸監督の映画『パッチギ！』（二〇〇五年）は一九七〇年代の京都を舞台に、当時の朝鮮高校と日本学校の間で繰り広げられていた「ケンカ」を青春群像として描いている。右のセリフは朝鮮高校にサッカーの親善試合を申し込みにゆく朝高生のバンホのものだ。この事件は実際に起きた殺人事件だった。[1]

昨年一一月三日午後二時ごろ、神奈川朝高一年生の辛永哲（シン・ヨンチョル）君（一五才）は同級生一名といっしょに法政大学第二高等学校の「二高祭」の参観にいき、同校射撃部の展示室で展示品を見ていたところ、エアライフル銃一挺を逆手につかんだ法政二高三年生Fにより背後から頭部を銃床で一撃、二撃と殴りつけられ（その際殴打の衝撃で銃身は折れた）、隣室に逃がれた辛君は追い迫ったFによりさらに銃身で頭部を乱打され、ついに頭蓋底骨折脳挫傷により死亡した。

Fに暴行されてから辛は、一度も意識が戻らぬまま、絶命したという。これが一九六二年一一月三日に起きた法政二高事件である。加害者Fは警察に簡単に取り調べを受けた後すぐ釈放された。そしてその後、極右思想教育で有名だった国士舘大学に入学している。

一九六二年から六三年夏にかけてこれら事件は続発した。他にも実例を挙げよう。

本年(一九六三年)五月二日午後四時五〇分ごろ、東京朝鮮中高級学校一年生のA(一五才)、B(一六才)、C(一五才)、D(一五才)、E(一五才)の五人は、学校から帰宅の途中、渋谷に安い食堂があるからなにか食べて帰ろうという相談をして、国電〔現JR〕渋谷駅で下車し、駅前広場にあるハチ公像の横の地下道入口に向った。そのとき、一〇数メートルはなれた東横デパート地下街の入口ふきんに国士館大学附属高校生二五、六名が集合していたので、歩きながらなんとなくその方を見ると、同校生徒が被害者たちの帽章を認め、そのうち二人が地下道入口まで被害者たちを追ってきて、「お前ら朝高生か! なんで渋谷に来たんだこっちへ来い」といっているうちに、二五、六名の国士館生に取り囲まれ、肩を押えられたりされながら約四〇メートル離れた駅の西口と東口をむすぶ東横連絡通路の東横西館東口ふきんまで連行された。そこに来るや国士館高校生たちは「朝高生など殺してやる」と叫ぶや突然被害者五人に襲いかかり、A、B、E、Cの四人は、うずくまったままで数十回顔、横腹、足などところかまわず拳で殴られたり足蹴りされたが全く無抵抗であった。そして、A君はさらに国士館高校生により右大腿部を登山ナイフで刺された。D君は拳で殴られたり足蹴りされたりしているうちに窮余の一策で「警察」と叫んだ。加害者たちは一瞬ひるんだのでD君は数メートル逃げたがまた引き戻されて暴行を加えられた。そのうち加害者たちは「もうこの位でいいだろう。逃げろ」といいながら一せいに逃走してしまった。右の暴行で、A君は全治一か月を要する右大腿部刺創と急性出血性ショックの重傷をうけ、D君は鼓膜を破られ、その他の者も一週間ほどは、からだの痛みがとれなかった。

これらは映画『パッチギ！』で青春群像として描けるような日朝間の「ケンカ」ではない。このように朝鮮学校に通う主に高校生男子学生（一部では中学生も含まれる）を狙った集団暴行・リンチ事件が七〇年代まで、一〇年以上にわたり、ことあるごとに続発した。

これが朝高生襲撃事件だ。どれほど事件が発生していたか。国会議事録に一九七三年七月四日赤松勇議員による「（六六年以降）国士舘及び帝京商工など二校の朝鮮人高校生に対する暴力事件は、市民を含めて計五百六十回事件を起こしている」との発言がある。この数字は朝鮮総連や朝鮮学校、そして在日朝鮮人の人権を守る会らの調査を元にしていると考えられる。前述の通り日本は国も自治体も未だに差別調査も統計も取っていないため、深刻なヘイトクライムの頻発は未だ公的には「なかったこと」にされたままだ。

いったい「ケンカ」を超えた集団リンチやナイフで肝臓を刺したり、ライフルで撲殺まですする暴力に、レイシズムを結びつけたものは何だったのか。極右である。国士舘高校・大学を拠点とする極右組織による、反共主義イデオロギーに基づいた反朝鮮総連・朝鮮学校の組織的な差別煽動が、意図的・組織的に引き起こしてきた事件だった。

日本に右翼はいても極右はいないと言われてきたが、[2] 殺人事件を含むヘイトクライムが極右の差別煽動によって頻発したという歴史的事実は極めて重要だ。欧米のネオナチや白人至上主義のような極右によるヘイトクライムと同様の事件が日本にも存在したからだ。

では極右による差別煽動とはいったいどのようなものだったのか。朝高生襲撃事件を分析した稀有な知識人である、在日朝鮮人の民族教育権擁護に尽力した故小沢有作は次のように述べている。[3]「暴行事件のたびに、たとえば「朝高生なんか自分の国に帰ればよいのだ。よその国で大きな顔をするな」とか、「俺は朝鮮人狩をやっているんだ」とかの発言をはいている。そこには、「天皇を尊ぶ」教育と「赤毛虫退治」の教育とを基調にしたうえで、「朝鮮人が神国日本を汚している。朝鮮人は実力で日本からたたき出せ」（柴田徳次郎館長訓話）というような朝鮮敵視の教育があって、その影響をうけていることがうかがえる、ということであろう[4]」。当時の事件は国士舘大学の極右教育と切り離せない。

†国士舘の極右教育

国士舘大学の前身は一九一七年に極右が結成した国士舘義塾だ。「尊王攘夷」を唱えた吉田松陰を祀る松陰神社（東京都世田谷区）の隣に一九一七年に頭山満ら極右がつくった。以来国粋主義的で、アジア侵略を全面肯定する皇国史観教育を実施してきた。

敗戦後GHQ時代には、反ファシズムを掲げる占領当局によって学長の柴田徳次郎は公職追放されている。だが国士舘大学は「至徳学園」と名前を変え、GHQの極右規制を逃れることに成功。そしてGHQ占領後、柴田徳次郎も学長に復帰し、五八年に元の国士舘大学に名前を戻し、極右思想教育を実施していた。

柴田学長はロシア革命はスパイ工作をしていた明石元二郎（元台湾総督）が引き起こしたという陰謀論を信じていたファシストであり、彼はGHQの占領を「反革命」するために「選挙権銀行倶楽部」なる極右団体を組織した。それは「君主民本政治」実現のための一種の合法クーデターを行うもので、そのためにカネと選挙権（一票）を倶楽部に集中させるというものであった。共産党禁止を掲げる綱領には「ソ連、中共は日本の安寧を破壊する在日朝鮮人扇動を即時停止」が明記されていることに加え、シベリア抑留の「賠償」として「ウラル以東」の「合計面積千百三十万平方キロ（日本領土の五十一倍《原文ママ》）を日本に割譲」するよう要求していた。反共主義の形をとった人種化によって「赤毛虫」（共産主義）を生物学的危険として「退治する」ことを目的とする極右運動である。

教育熱心な柴田学長は「団体訓練」なる「軍事教練」を週一で行い「特に天長節などの祝日に」、「昔の大元帥服に似せた金モールの制服を着用し、馬にまたがって学生の隊列を『閲兵』」する。さらに学長自ら「実践倫理」を担当し直接思想教育を行うがその成績は、祝典参加・「所成文」（感想文）提出・学長訓話の所感提出などが評価の対象となり進級・卒業を不可にすることで学生の思想点検・統制を担保していた。ほかにも翌年入学生の募集（一人五～一〇名のノルマ）、学長執筆本二冊の購入（『革命は如何にして起こるか』『日本はこうすれば立直る』）や選挙権銀行倶楽部の加入などの義務があるうえ、学校の各種雑役を「輪番制と停学処分をうけた学生」にさせていた。一万人も学生がいる学校で用務員一人も雇用せずに済んだのはこのような無償の労働力を強制的に組織したからだ。

恐ろしいのは学内の旧軍関係者による統制組織だ。学生寮には学長から学生監まで位階制的な職員がいるが「その大半は佐官級の旧軍人」はじめ憲兵や特高のみならずスパイ養成校の陸軍中野学校や自衛隊出身がかなり多く、学長の「実践倫理」に反した者への「暴力的制裁」が横行していたという。

さらには「応援部、運動部」等、学生の極右のネットワークが組織されている。特に学友組という六人一組で「学内外のいっさいの行動にたいして全員が連帯責任」をとるチームをつくる規定があり、学内にはスパイ網が組織された。

朝高生襲撃事件を引き起こしてきたのはこれら極右組織であった。当時の雑誌記事で匿名インタビューに答えた国士舘学生は昼休みに大学の「先輩からきょうは朝高を襲撃する。ただし『きょうは私服だ。放課後十条駅に集合しろ』といわれた。ここに（T〈喫茶店の名前〉のこと）私服がおいてあるので着がえていこうとしたら『中止』という連絡があった。チョン公《ママ》〈朝鮮高校生のこと〉〔注意：差別語〕退治は、オレたち右翼の使命だ」[6]と答えた。当時の警察の取り調べに加害者は「朝高生をやっつけるために『東京国際パトロール』という組織を作っている。ボクらは、その隊員だ。代々木駅近くにある先輩のアパートが集合場所だ。／きょうもそこに集まり、朝高生を捜すために東横線に乗った」と答えたという。

†極右組織による差別煽動

だが加害者に暴力を振るわせるのは、国士舘の教育一般によるものではなく、リーダーの役割を果たす具体的な極右組織だということが重要だ。小沢は事件の加害者を「右翼ナショナリズムをうけいれ「政治的」に動いている中核」と「それに組織されて「気分的」に参加している周辺」とにわけた。小沢は「「朝高偏見」（朝高生は怖いという戦後生まれた新しいレイシズム）をもった「非行少年」たちの行動力に政治的な使命感を注入してこれを組織することは、比較的容易なこと」だとしたうえで「その役目を担っているのが国士舘のリーダーたちである」と分析した。

レイシズムのピラミッドでいえばレベル2の「朝高偏見」からレベル4の組織的暴力に移行させる差別煽動を「国士舘のリーダー」が直接担っていた。この差別煽動メカニズムを第三章で分析した「レイシズムの政治化」の図表5を使って説明すると図表14のようになる（重要な差別煽動を黒い矢印で表現した）。

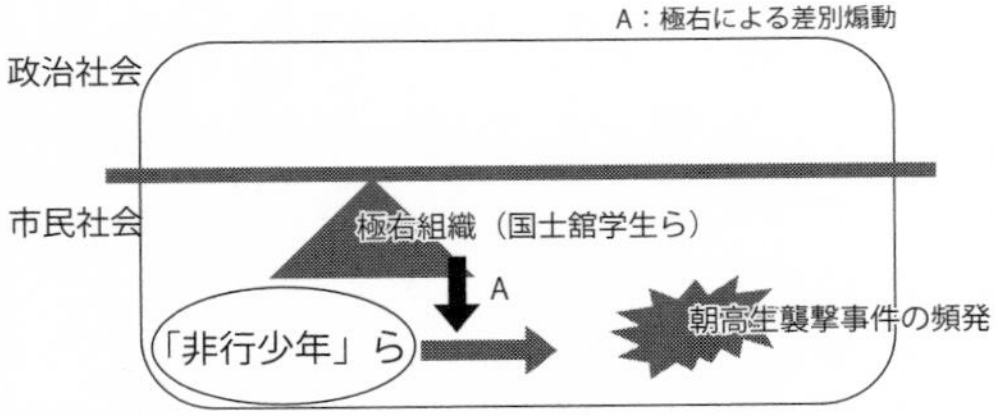

図表14　朝高生襲撃事件（1960〜70年代）の構図

重要なことは極右の差別煽動は殺人を含む深刻な暴力を実際に生み出す、ということだ。これはネオナチや白人至上主義の欧米の極右と全く同じである。第三章で極右の危険性を強調したが、人種化した「敵」を殲滅するという目的に照らし暴力行使を遂行する意志・目的を有した人物が組織を結成し、組織的に行動するということこそ、レイシズムを暴力に結びつける決定的なカギである。

もちろんこの時代にも日本社会にレイシズムは蔓延しており、たとえば一九七〇年、『少年サンデー』梶原一騎原作「おとこ道」では「最大の敵は、日本の敗戦により我が世の春とばかり、ハイエナのごとき猛威を振るいはじめた、いわゆる第三国人であった」などのセリフによってヘイトスピーチである「三国人」が再生産されていた。しかしこの時代は今日とは比べ物にならないほど左派も在日朝鮮人運動も強く、この事件に対しても梶村秀樹らによる日本朝鮮研究所の強い抗議がおきていた。

さらに日韓条約締結反対運動や、日本政府が在日朝鮮人運動弾圧を強化するための出入国管理法案および外国人学校法案を廃案にするための運動といった日朝連帯運動が盛んに展開されていた時代でもあり、市民社会にも露骨な差別や暴力ははばかられると思わせるほどの戦後的な社会規範はあったと思われる。だからこそヘイトクライムを引き起こすには極右の差別煽動が必要だった。

その政治的狙いとは何だったのか。歴史家の山田昭次は「執拗に、かつ巧妙な方法で「不逞鮮人」像をつくり上げ、民衆の排外主義への動員を試み、日朝両民族の人民連帯の形成を断ち切ろうとする意図がみられる」[7]と指摘した。当時は日韓国交正常化に向けた韓日会談の交渉や、朝鮮総連が主導した帰国・祖国往来実現運動や、出入国管理法案、外国人学校法案などの在日コリアンの治安管理を強化しようとする法案が大きな政治的話題となっている時期に集中している。山田はこれらの反対運動に直面して「体制側はそうした敗北に学んで、右翼勢力を通して民衆のなかに「不逞鮮人」像をつくり出し、「官民一体」の在日朝鮮人弾圧体制を早急に築き上げようとしているように思われる」と述べた。

今日重要だと思われるのは山田の次のような警告である。「朝鮮人にたいする民族的偏見が克服されていない現在、右翼の策動が一定の効果をあげないという保証はない。「朝鮮人の暴行」という演出は生命の危険に訴えるだけに、紀元節復活や明治百年祭以上に排外主義やウルトラ・ナショナリズムの創出に効果をあげるのではないだろうか」。「朝鮮人の暴行」が人種化された日本人の「生命」を脅かす生物学的危険と結びつけられることの危険性が指摘されている。この予測は二一世紀になって現実となる。

†マジョリティである日本人も「反日」として処断

しかし指摘しておかねばならないのはこの国士舘の極右暴力は在日コリアンというマイノリティだけでなく、マジョリティの日本人にも向いたということである。先の国士舘学内の旧軍・憲兵・特高・自衛隊関係者による暴力的統制が常態化していたことをみたが、それは「反日」というレッテルを貼りさえすれば誰でも人種化されて、「死ぬべきもの」に分類されるということである。実際に学長の「実践倫理」に反する学生は暴力の制裁を受けたが、それは大学教授でさえも同じで、学長にステッキで殴打されたり物を投げつけられる等の暴力が常態化していたという。学内民主化闘争に立ち上がった教員に対しては、学内の空手部の学生等が日本刀を手にビラまきを妨害する事件も起きた。国士舘の極右学生は当時盛んだった社会運動潰しの先兵として使われていたという。

じつは朝高生襲撃事件は七三年以降から沈静化していったと言われているのだが、それは当時の国士舘学生による暴力が暴走し、日本人にまで被害が及ぶことになり、その点で社会問題となったからだ。だがそれはレイシズム問題としてではなく、日本国憲法と教育基本法に国士舘が反していたという問題としてであった。

レイシズムが暴力に結びつく回路が極右の直接の差別煽動である以上、極右組織の活動を停滞あるいは消滅させれば、差別煽動回路もなくなり、暴力事件も発生しなくなる。だがその代わりに八〇年代後半以降、次のような事件が頻発した。九四年の事例である。

†チマチョゴリ切り裂き事件型＝「普通の人」による自然発生的暴力型[8]

六月一七日、学校から帰宅途中の午後五時四五分頃のことだった。ＪＲから地下鉄に乗り換えるため階段を上がっていたとき、男が私の着ていたチマをつかんだ。気がついたら、後ろのほうを二〇センチぐらい切られていた。私は怖くて、振り向くことができなかったので、そのとき男の顔はわからなかった。地下鉄に乗ってから、私は怖いのとチマを切られた悲しさで涙が止まらなかった。そのとき五〇歳ぐらいのおばさんが心配して、私を駅まで送ってくれた。

その事件があってから、しばらくの間は怖くてたいそう服で通学していたが、よく考えてみると悔しくて、こんなことで負けちゃいけないと思うようになり、また、チマ・チョゴリで通学するようになった。ところが何日かたった日、あのときと同じ所で、たぶん同じ男に後ろから「また切るぞ！」と言われた。

それから二週間ほどたった日のことだった。学校に行くため地下鉄の電車に乗り、ドアの近くに立っていた。電車が止まって大勢の人がドッと下りたとき、ドアの反対側に立っていた中年の男が、私のチョゴリの右袖を切りつけた。切られるとき、スゥーッという音がした。茶色のジャンパーに茶色のズボンを履いていたが、この前のとき顔を見なかったので、あのときと同じ男かどうかはわからない。見ると、チョゴリの袖は一五センチほど切られていた。男は切るとそのまま電車を下りて階段を駆け上がって逃げていった。

この前チョゴリを切られてから、友達と一緒に帰るようにしていたが、この日は遅れてしまい一人だった。電車の中も怖いけれど、乗り換えるときに大勢人がいると、この中にまたそういうことをする人がいるんじゃないかと思い怖くなる。チマ・チョゴリを着ているから狙われるのかもしれないけれど、こんなことで脱ぎたくない。[9]

他にも高三の女子生徒が下校中に駅で中年男性にナイフのようなもので脅されて「二度とそんな服を着るな」と暴言を吐かれる事例や、JR水戸駅で通学バスを待つ小二女子生徒が暴行を加えられた事例がある（この事例はタクシー運転手が犯人を捕らえ、警察が逮捕した）。また池袋駅で男子学生が何者かに殴られ顎と腕の骨を折る事件等も起きている。

このような「チマチョゴリ切り裂き事件」が頻発したのである。その後、「テポドン発射実験」が注目を集めた一九九八年八月には約七〇件（約半年間）の事件が起きている。以後、二〇〇二年、二〇〇六年、〇七年なども同様だ。

九八年に三度目の大きな「チマチョゴリ事件」の波がやってきた後、九九年の新学期以降に朝鮮学校側は「第二制服」の導入を決定した。従来からの女子生徒の制服であるチマチョゴリに加え、登下校時にはブレザータイプの「第二制服」も着用可能とすることで、レイシズム暴力・性暴力に遭う危険性を少しでも回避しようとする「自衛策」だった。二〇世紀末の日本社会はレイシズムと性暴力に遭うことなく民族衣装を自由に着られる社会では、すでになくなっていたのである。

†国会とマスコミによる「北朝鮮バッシング」の効果

チマチョゴリ事件でレイシズムが暴力に結びつく社会的条件とは何だったのだろうか。朝高生襲撃事件と比べても奇妙で新しい点があった。次の三点にまとめることができる。

第一に、極右ではなく、「普通の人」による自然発生的な犯行が中心である。

第二に、被害者が女性や低学年児童にまで拡大し、とくにセクシズム暴力が激増した。

第三に、犯行が頻発するのは、朝鮮半島情勢・日朝関係が悪化したり、在日コリアンへのバッシングがマスコミで行われるときに集中していた。

極右の介入が確認されていないにもかかわらず一般人が自然発生的な暴力を振るうようになっている。これは全く新しい差別煽動回路の登場を意味した。

なぜなのか。それほど強く政治による差別煽動が起きているからだ。

具体例を確認しよう。このとき直接の引き金となったのは国会答弁とマスコミ報道だった。一九八九年のいわゆる「パチンコ疑惑」である。[10]

当時土井たか子ブームで社会党の人気が高かった。これを失墜させるため自民党は当時の小沢一郎幹事長を中心にネガティブキャンペーンを仕掛け、社会党が朝鮮人からパチンコ献金を受け取っているとする情報を意図的に週刊誌はじめマスコミに流させたのである。

ところがパチンコ業界から献金を受けていたのは平沢勝栄はじめ圧倒的に自民党議員の方が多かったので、社会党バッシングはうやむやになる。しかし「パチンコ疑惑」はむしろレイシズムを煽動する自民党タカ派が人気を高めるチャンスとして利用され、それはマスコミによって無批判に流されることで絶大な差別煽動効果を発揮した。

自民党の浜田幸一議員が一九八九年一〇月一七日の衆議院予算委員会で「(朝鮮総連は)危険な団体か」と質問したところ古賀宏之公安調査庁次長が「日本の公安の維持にとって無視できない団体と考えて、監視をつづけている」と答えた。浜田は念押しで「非常に危険な団体ということか」と問い、古賀から「おおせの通り」という答弁を引き出した。

国が朝鮮総連を「敵」認定したこの答弁がマスコミで無批判に拡散されるや否や、その翌日から、各地で朝鮮学校学生へのレイシズム暴力が頻発したのである。さらに一〇月三一日から二日間にわたって「パチンコ問題集中審議」が行われた。浜田議員は国会で「朝鮮総連中央会館の固定資産税などが免税されているのはけしからん」とか「総連は反税闘争をしている」「朝鮮学校では反日教育をおこなっている」などと国会で質問し「日本の保護を受けながら、反日主義が野放しになっている」とまで言って民族教育へのバッシン

時期	事件	件数	期間
1989年10月	「パチンコ疑惑」	48件	20日間
1994年4月	「核開発疑惑」	約160件	約3カ月間
1998年8月	「テポドン発射実験」	約70件	約半年間
2002年9月	「拉致事件」公認	1000件以上 (関東321件)	翌年3月まで の半年間
2006年7月	「ミサイル発射事件」	122件	約1カ月間
2006年10月	「核実験」	55件	約1カ月間

図表15　80年代以降の朝鮮学校・学生へのレイシズム暴力
出典：梁英聖『日本型ヘイトスピーチとは何か――社会を破壊するレイシズムの登場』影書房、金栄「在日朝鮮人弾圧に見る日本の植民地主義と軍事化」(『歴史と責任』青弓社、2008年) 308頁まとめに師岡康子『ヘイト・スピーチとは何か』(岩波新書) のデータ (02年「拉致事件」公認直後の事件) を加えて著者作成。

グを行った。

しかし国会で反差別ブレーキを踏む者はいなかった。石橋文相は「朝鮮学校の教育内容について調べ、適切な措置をとる」と述べ、むしろ政府として問題視する態度をとったのである。図表15にまとめた通り事件が頻発した所以である。

この政治による差別煽動が異次元のレベルに達した画期が二〇〇二年の拉致事件の公認だ。二〇〇二年九月一七日は対立しあう日朝両首脳がはじめて会談した歴史的瞬間であり、敵対から平和へのプロセスを大きく進める日となるはずだった。ところが北朝鮮政府が日本人拉致事件について公式認定し、謝罪したことが即日マスコミで報道されるや否や、日本社会は北朝鮮バッシング一色となった。

「朝鮮帰れ」「そのチョゴリ焼くぞ」「朝鮮人、バカ、朝鮮に帰れ」「ここは日本だから、日本語使え」「おまえら殺してやろうか。殺せるぞ」「近寄るな。殺してやる！」「朝鮮人は売春婦」「堂々と道を歩くんじゃねえ」――当時報告された暴言の一例だ。わずか半年間で、全国で一〇〇〇件以上のレイシズム事件が記録されることとなったのである。

†冷戦崩壊後に成立した新しい政治による差別煽動メカニズム

これら事件の差別煽動メカニズムは、朝高生襲撃事件とは全く異なっていた。チマチョゴリ事件をはじめとする一連の事件を引き起こしたのは、必ずしも右翼的背景をもたない「普通の人」であり、組織性は確認されていない（警察と政府が調査を怠ったため不明だが何らかの極右の政治組織や宗教組織による計画的犯行である可能性が否定されたわけではない）。

図表16を朝高生襲撃事件の図表14と比較してみてほしい。極右による差別煽動（A）がみあたらず、その代わり政治による差別煽動効果（B）が新たに登場している。

これは非常に恐ろしい現象であった。つまり直接暴力を組織化する極右（国士舘のリーダー等）がいなくとも、極右が引き起こすほどの暴力を「普通の人」が自発的に起こすぐらいまで「見えざる」差別煽動回路が発達したことを意味するからである。「普通の人」

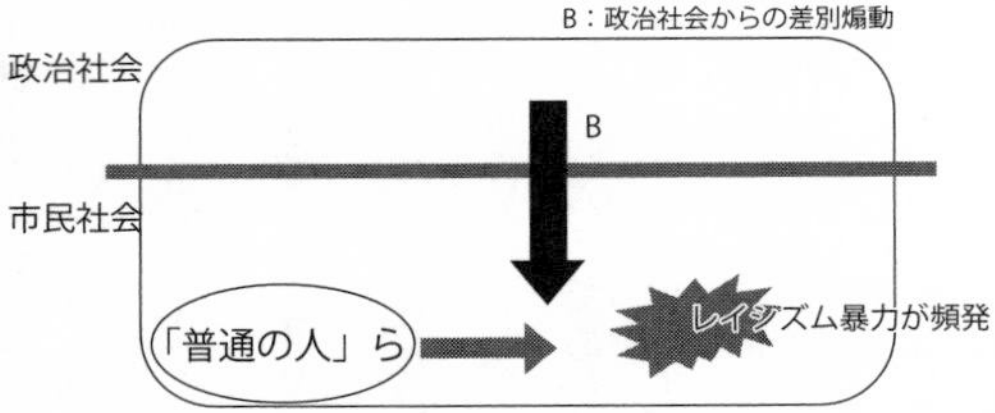

図表16　チマチョゴリ事件（1980年代後半から2000年代初）の構図

が朝鮮学校の学生特に女性を、社会の敵として人種化して、実際に暴力を振るったという動かぬ事実がある。それほど強力なレイシズム煽動効果を持ったのが、政府・マスコミによる北朝鮮バッシングであった。

このような政治による差別煽動は、以下のようなグローバル化を背景としていた。八五年のプラザ合意以降、日本の大企業は急速に多国籍企業化を遂げ、日本もグローバル化による社会変動を被った。冷戦の崩壊は旧共産圏だったソ連・中国等を一気に単一のグローバル市場に引きずり込み、とりわけ豊富な農村の労働力人口を抱えた中国を世界の工場・成長センターに変えた。米国の東アジア戦略は、対ソ連封じ込めから台頭する中国けん制へとシフトし、アジア一〇万人体制を維持する米軍はグローバルな脅威に対応するよう再編され、日米安保も積極的に軍事行動を展開できるよう大きく位置づけを変えた。

このような冷戦崩壊後の米国の東アジア戦略に沿う形で、日本は中国はじめアジアへの直接投資を増大させるとともに、急速に投資先の「カントリーリスク」に対応すべく憲法九条の規制をなし崩し的に破って軍事大国化への道を進んだ。日本の仮想敵国はソ連から北朝鮮にシフトし、その中で政治とマスコミによって「北朝鮮バッシング」が頻発することで政治による差別煽動が常態化することになった。これが前章でみた一九五二年体制という反レイシズム規範の欠如によって支えられていることはいうまでもない。

この政治による差別煽動が八〇年代末から三〇年ちかくにわたり日本でレイシズムを増大させた結果、二〇〇〇年代後半から新しい二一世紀的差別煽動回路が形成された。旧来の極右とは全く異なる、新たな極右組織が、草の根から自然発生的に結成され社会を破壊しはじめたのである。

†在特会型＝政治による差別煽動が生んだ、遊び半分で暴力を組織する日本型極右の脅威

二〇〇七年に在特会なる極右組織が結成・活動を大々的に展開しはじめたことは、戦後日本のレイシズム煽動回路が一変した大きなメルクマールといえる。三〇年近く政治による差別煽動が強力に作用し続けた結果、二〇〇〇年代後半から遂に、自然発生性を伴う草

の根の極右組織が結成されたことを意味するからだ。社会学者の樋口直人はそれらが①正面からレイシズムを掲げ、②継続的に組織化され、③インターネットを通じて「普通の人」の動員に成功している、という点で日本に従来存在しなかった極右運動であるとしている。[11]

ちなみに「在日特権」とは在日コリアンが日本で不当な特権を得ているとするヘイトスピーチであり、税金・水・光熱費がタダだとか生活保護が受給しやすい等の事実無根のデマがインターネット上で拡散して有名になった。だが厄介なことは「在日特権」論は前章でみた一九五二年体制という外国人一般を無権利状態に置いたうえで旧植民地出身者（法一二六系列）だけに特別永住を認めるというレイシズム政策をフル活用しているところにある。そのため、デマであるにもかかわらず特別永住資格などを攻撃する「在日特権」論は差別煽動の武器として極めて大きな力を持った。

近年のヘイトスピーチ現象については既に少なくない書籍がある。ここでは分析に絞り、レイシズム現象の特質を四つの差別煽動パターン①街宣型、②襲撃型、③キャンペーン型、④議会進出型に分けて明らかにしたい。まずは前二者をみよう。

第一の街宣型とはいわゆるヘイトスピーチという語でイメージされる、街頭で白昼公然と行われるデモや宣伝などである。一例だけ挙げると、二〇一三年二月に東京大久保で行われたヘイトスピーチ街宣では「変態朝鮮人は日本からでていけー！」「ゴキブリチョンコを日本から叩き出せー！」などのコールが叫ばれ、プラカードには「朝鮮人　首吊レ毒飲メ飛ビ降リロ」「良い韓国人も悪い韓国人もどちらも殺せ」と書かれた。この「デモ」のタイトルじたい「不逞鮮人追放！　韓流撲滅デモin新大久保」というヘイトスピーチだ。

第二の襲撃型は、京都朝鮮学校襲撃事件や徳島県教組襲撃事件など、朝鮮学校やコリアタウンなど人種化された個人・団体・地域にダメージを与えるための組織的・計画的暴力である。たとえば京都朝鮮学校襲撃事件が起きたのは二〇〇九年一二月四日の昼過ぎである。犯人は「在日特権を許さない市民の会」（在特会）と「主権回復を目指す会」の構成員ら一一名。以下、判決で事実認定された差別発言の一部である。

「こいつら密入国の子孫」「朝鮮学校を日本からたたき出せ」「出て行け」「朝鮮学校、こんなものはぶっ壊せ」「約束というのはね、人間同士がするもんなんですよ。人間と朝鮮人では約束は成立しません」「日本に住ましてやってんねや。な。法律守れ」「端のほう歩いとったらええんや、初めから」「我々は今までみたいな団体みたいに甘うないぞ」「この門を開けろ、こらぁ」等の怒声を次々と間断なく浴びせかけ、合間に、一斉に大声で主義主張を叫ぶなどの示威活動を行った。

このような差別による罵詈雑言が、およそ一時間にわたり継続した。当時学校には小一から小六までの約一三〇名の児童・生徒がいた。教員や駆け付けた保護者らによる襲撃への抗議にも関わらず犯人らは一時間にわたる襲撃を続けた。

深刻なのは警察の対応だった。じつはこの街宣はインターネット上で予告され、「宣伝用の動画」がつくられ無料公開されていた。事前に学校側はこれを知り、何度も警察に辞めさせるよう訴えていた末の出来事だった。襲撃が起きた時点で既に警察は責任を問われるべきだが、それどころか一一〇番通報を受けた警察は、半時間も襲撃を止めさせなかった。これら警察の目の前でこの襲撃は行われた。

児童生徒らは襲撃後、スピーカーの音に怯えたり中には夜尿症が治らなかったりPTSDが疑われるほど深刻な被害を被った。また教員や保護者そして地域の在日コリアンにも勝るとも劣らぬ癒しがたい傷を負わせた。

だが同メンバーらはその後二回も、翌年一月一四日と三月二八日に学校襲撃を繰り返した。この史上最悪のヘイトスピーチ事件はその後、被害を受けた学校が原告となって刑事・民事両面から訴訟になったことが今ではよく知られている。

だが被害はあまりに深刻だった。「二度とこのようなことが起きてはならないと言うだけでは足りない。これは一度たりとも起きてはならないことだった」。こんな言葉が関係者から聞かれたという[12]。

これら街宣型と襲撃型は具体例を少し見ただけで吐き気がするほど醜悪かつ不快である。「ヘイトスピーチ」という言葉でイメージされるものはこれだ。反レイシズムがなくレイシズムが見えない日本でも、ヘイトスピーチだけは「見える」理由の一つだ。

†新しい差別煽動回路——政治による差別煽動＋自然発生的な新極右の組織化

しかし見えている表面的な醜悪さや暴力性よりも、見えないレイシズムの差別煽動回路が全く新しいパターンをとっていることこそ問題だ。第三章で分析した「レイシズムの政治化」の今日のあり方を可視化した図表17をみてほしい。朝高生襲撃事件型の図表14と、チマチョゴリ事件型の図表16と比較すればその二一世紀的特質がハッキリする。

チマチョゴリ事件型と同じなのは、八〇年代後半からの政治による差別煽動（B）が三

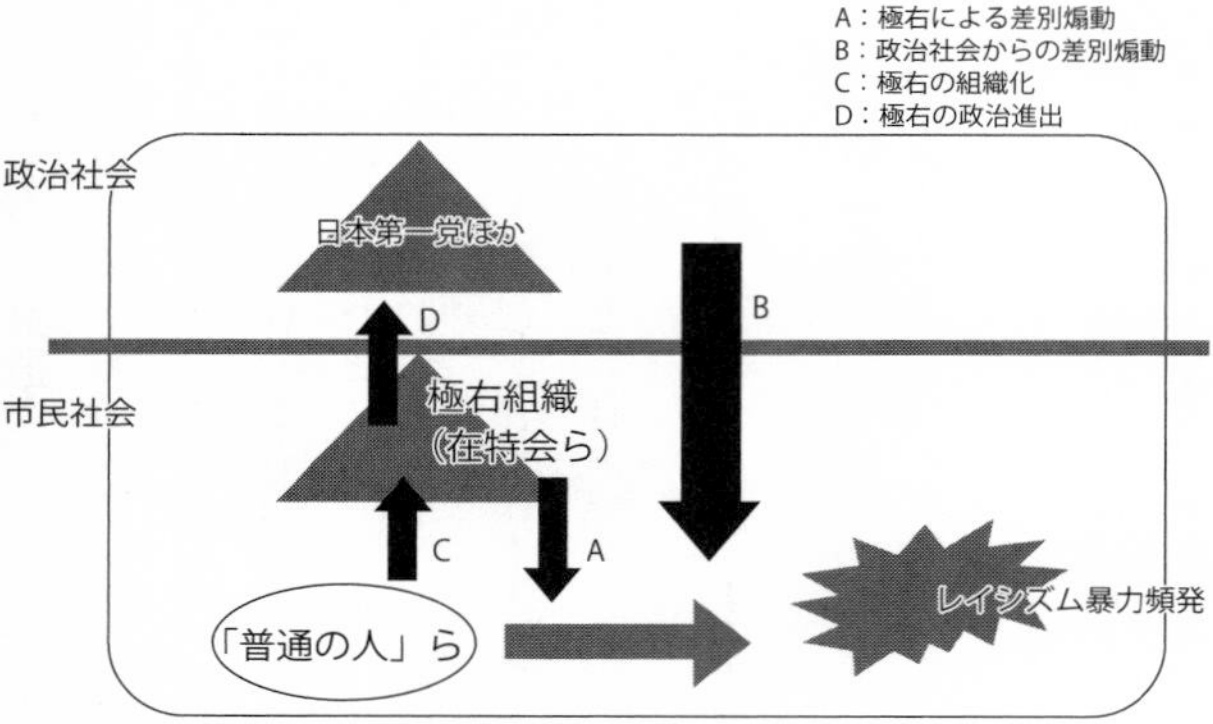

図表 17　ヘイトスピーチ頻発の構図

〇年ものあいだ強力に作用してきたことだ。違うのは朝高生襲撃事件のように極右組織（C）が国士舘のような旧極右の教育機関の存在なしに、在特会のように自然発生性を伴ってインターネットや出版物を介して新たに組織されていることである。つまり政治による差別煽動（B）が自然発生的に草の根の極右（C）を組織するまでに増大した結果、かれら極右がSNSや街宣や講演会や出版物などを通じて「普通の人」のレイシズム暴力を大々的に煽動しているのである（A）。

そして在特会結成からおよそ一〇年後の二〇一六年、かれらは日本第一党なる極右政党を結成し、都道府県や市町村での選挙に出馬し、選挙を通じて差別を煽動している（D）。日本第一党だけではなく、その他有名無名の極右政治家が選挙に進出し、数十という無視できない議席を確保して政治進出に成功している。

もちろんこの政治進出が政治による差別煽動（B）を増大させ、極右の組織化（C）や極右による差別煽動（A）を強化する。それらを通じて強化された極右は金や人員をますます政治進出につぎこむことになる（D）。

†社会運動としての差別――弁護士不当懲戒請求事件

第三章のヴィヴィオルカが警鐘を鳴らした「レイシズムの政治化」は、いままさに極右の政治進出（D）によってなし崩し的に進行している。まだ説明していなかった新しい差別煽動パターンの③キャンペーン型、④選挙・議会進出型はこれに関わる。

第三のキャンペーン型の極右活動とは、SNSや出版物を通じて、具体的な獲得目標と人種差別の方法を提示し、それら人種差別を一斉に行うよう呼びかけるアクションである。たとえば入管に在日コリアンを通報して国外退去させようとしたキャンペーンや、朝鮮学校への補助金を廃止させるよう自治体に要請するキャンペーンや、あいちトリエンナーレを主催した愛知県知事をリコールするよう求めるキャンペーンなどである。

ここでは朝鮮学校の高校無償化除外に反対した弁護士会や個々の弁護士への不当懲戒請

求事件をとりあげよう。朝鮮高校のみを高校無償化から除外するというあからさまなレイシズムに反対する会長声明を出した弁護士会や朝鮮学校への差別に反対する弁護士が、それじたいが反日的であり懲戒請求に当たるとする根拠のない請求が実におよそ一三万件も起こされた。これは「余命三年時事日記」なる匿名のブログが弁護士の懲戒請求をたきつけたことがネットで拡散し引き起こされた。

だがこの懲戒請求は請求に根拠がないばかりか当該弁護士と弁護士会の業務妨害でしかなく、被害弁護士が裁判に踏み切りこの懲戒請求の不当性が裁判所によって認められるや否や、懲戒請求を行った加害者らの多くが続々と「和解」に応じ、口々に「自分は騙されていた」と弁解した。

重要なことはこれら懲戒請求事件が、単なる詐欺事件などでは決してなく、朝鮮学校・在日コリアンそしてその権利を守るために立ち上がった弁護士を「死ぬべきもの」とするレイシズム煽動だったということだ。朝鮮学校や在日コリアンの存在そのものが「反日」であるだけでなく、在日の権利を擁護する弁護士も日本人も、まとめて人種化して日本社会の生物学的危険として指し示して攻撃することを煽動していたのである。

単なるヘイトスピーチと異なるのはこの煽動が「死ぬべきもの」を指し示すのみならず、

じっさいに「死ぬべきもの」を「殺す」方法つまり弁護士会に懲戒請求をかけるという極めて具体的な「参戦の仕方」を教えていたことである。この極右のデマを含んだヘイトスピーチこそが、極右組織をつくることなく、オンラインで煽動を拡散し、一三万件もの大量懲戒請求を引き起こしたのだ。

もちろんこの煽動を支えているのは前章で見た一九五二年体制と日本政府の高校無償化除外という差別にほかならない。

しかし日本に反レイシズム規範がないためこれらの懲戒請求事件は、いまだレイシズム＝人種差別事件としても、極右によるレイシズム煽動事件としても、まったく認識されていない。日本型反差別は、加害者の差別する自由に手を付けず、被害者の告白に依存して自分で差別を差別だと判断することを回避するからだ。

この事件は驚くべきことに日本政府や法務省はおろか、弁護士会でさえ明確にレイシズムだと認定し批判しないのだ（沖縄県弁護士会を除く）。本来であれば弁護士会が人種差別撤廃条約のレイシズムの定義を用いて、事件が極右によるレイシズム煽動事件であると告発し、加害者に損害賠償を請求するとともに、日本政府に人種差別撤廃条約の履行を求めるべきであった。そうした動きが無いために、個別の弁護士被害者一人が抱えた不当な懲戒請求一件がたまたま一三万件重なった偶発事として扱われている。マスコミ報道もそのようにしか報道しない。米国でこのような深刻な差別事件があり加害者が謝罪する場合は差別したことを認めて反省を口にすることが慣例となっている。しかし日本では「騙されていた」と言い訳をするが、「朝鮮人差別だった、反省する」とはほぼ誰も口にしないのである。

†レイシズムが政治を乗っ取る日――極右の選挙・議会進出

第四の差別煽動パターンは議会進出型である。日本第一党や日本国民党などの極右政党を結成し、あるいは無所属だが選挙でレイシズム煽動を行うことで人気と票を集めようとする手法である。

日本でレイシズムが凄まじい勢いで社会に浸透していることをよく示すのが二〇一九年四月の統一地方選だった。この選挙には、選挙を通じてヘイトスピーチを拡散する人物や、当選するために差別を活用する人物、かつて酷い差別を繰り返したことがある人物、差別を煽動するために議員になろうとする人物などが非常に多く見られた。つまり極右が政治に大挙進出している。私が代表をつとめる学生と若手研究者のヘイトウォッチNGO反レイシズム情報センター(ARIC)の調査の結果、四九名もの極右が選挙に立候補していることがわかったのである。落選したものも多いが、当選した者もかなり多い。

選挙は最も公正さが問われる民主主義的手続きであるはずだ。絶対に不正や差別が起きてはならないはずの選挙で差別が蔓延してしまっている。

たとえば日本第一党から一二名の立候補者が出ている。全員が落選した。

日本第一党は「外国人に対する生活保護を廃止します」をはじめ、公然と排外主義を掲げる極右政党である。日本第一党の党首は元在特会会長の桜井誠(本名、高田誠)であり、最高顧問は瀬戸弘幸というヒトラー礼賛本を書いた筋金入りのネオナチ活動家である。

同党は二〇一六年、在特会の創設者である桜井誠が、在特会会長を引退したあとに立ち上げた政党である。当時在特会は、二〇一三年以降のカウンター(非暴力直接行動で直接ヘイトスピーチ街宣をやめさせる活動)や反ヘイトスピーチの世論に押されたのに加え、自らが犯したヘイトスピーチ/クライムに対する提訴問題、そして組織内部での金銭トラブル、内紛などにより、従来通りの活動が困難になっていた。桜井誠はこれを好機とし、泥船と化した在特会を捨て去り、ヘイト街宣(と学習会)中心の活動から、合法的な選挙活動を通じて差別を煽動する新しい活動にシフトしたのだった。

日本第一党だけではない。NHKから国民を守る党（N国）から在特会系のヘイト街宣に参加していた元在特会関西支部長の増木重夫（兵庫県播磨町）や、極右団体「しきしま会」主宰者の沓沢亮治（東京都豊島区）、極右の「正理の会」から送り込まれた佐々木千夏（東京都杉並区）などが出馬し、後二者は当選している。当選後にN国に一三〇万円のカンパを払わなかったとして除名された佐々木千夏は「NHK問題の本質は、内部に朝鮮人が増えたことが原因」「それを明らかにし追求《原文ママ》しない限り、もし参院選で議席を得ても、日本人になりすました二重国籍の国会議員が二五〇名もいれば、NHKの朝鮮人と結託し、数の力で法案も党も潰されることは目に見えている」とあからさまなレイシズム煽動をつかってツイッターで「反論」している。N国以外でも在特会系の極右活動家、たとえば京都朝鮮学校襲撃事件などヘイトクライムに関与した川東大了や東京のヘイト街宣の常連者遠藤修一などが落選したものの立候補している。

もはや国政地方問わず全国各地の選挙のたびごとに極右の差別煽動が恒常化している。第二章でレイシズムが人種化して殺す権力であることを確認し、第三章ではレイシズムの権力を行使して「死んでいい人間」を摘発して攻撃する政治を極右が行うことをみた。極右はたとえ言っていることがどれほどデタラメで荒唐無稽であっても、社会防衛を掲げて人口の敵としての人種の危険性を訴える限り、成立してしまう独特の政治なのである。そのため極右政治は一方では社会防衛を掲げつつ社会と民主主義をずたずたに破壊し、他方では金儲けのビジネスとしても成立する。反レイシズムのない日本社会では代議制民主主義は極右の絶好の政治的狩場でありビジネスチャンスに堕落しつつある。その結果、いまや政治の主流の中に「反日」分子の摘発と殲滅への呼びかけがカジュアルに含まれ、ヴィヴィオルカが警告した「レイシズムの政治化」が昂進している。

†「レイシズムの政治化」を可視化するヘイトウォッチ

しかも日本では反極右という反差別ブレーキが存在しないため、欧州のように極右に「適合ジレンマ」が発生しない（第四章参照）。そのため一方では極右になることのハードルが恐ろしく低く、極右にならなくとも自民党や保守的市民として簡単に差別ができる。

このことが極右にとって日本社会が欧米では考えられないほど自由に人種差別とその煽動そして最悪レベルの歴史否定を拡散しうる「天国」となっている。だからこそ誰もが欧州なら逮捕や政治的生命を一瞬で奪われるレベルの犯罪になる人種差別でさえ、絶対的安全圏から遊び半分で加担することができる。同時に差別するのに飽きたり嫌になったり、あるいはごく小規模での抗議――カウンターが繰り返し抗議するだとかネットで実名がばらされるだとか――でさえその活動が後退する。

このままでは名誉心や利権目的でレイシズム煽動を利用する日本型極右が政治を乗っ取り社会と民主主義を破壊することを誰も止めることができない。第四章で解説した反差別ブレーキという社会正義によって差別する自由を規制しなければ対処は不可能だ。

そのために決定的に重要なことは極右活動へのカウンターとヘイトウォッチである。ヘイトウォッチという極右・ヘイトクライム・レイシズムの監視活動が、欧米では重要な反レイシズム実践となっている。継続して極右やレイシズムのデータを収集し分析し公表することで、差別と極右台頭の危険性を社会に可視化させる。米国のSPLC（南部貧困法律センター）が有名で、FBIとも協力し極右とヘイトクライムの監視を継続している。

NGO反レイシズム情報センター（ARIC）はレイシズムに関する日本初のヘイトウォッチNGOとして、人種差別撤廃条約に違反する（あるいは違反する恐れがあるものやそれに相当する他の差別も含む）政治家はじめ公人の言動をヘイトウォッチしてそれを公開するインターネット上の「政治家レイシズムデータベース」を二〇一七年六月から運営している。ツイッターやフェイスブックを中心に六七九六件に上る差別言動を記録・公開している[13]（二〇二〇年七月一二日現在）。

先の二〇一九年統一地方選の記録もＡＲＩＣの学生ボランティアが収集したものだ。このようなデータベースはジャーナリストはじめ誰もが差別に反対するために利用できる抵抗のプラットフォームとなる。ＡＲＩＣではこれを元に総務省に選挙時の差別煽動対策を申し入れたり（二〇一七年一〇月）、国連人種差別撤廃員会に杉田水脈議員はじめ深刻な極右政治家のヘイトスピーチをレポートにまとめて英訳して公式に提出する（二〇一八年七月）など日本での「レイシズムの政治化」状況を可視化させてその危険性を訴える活動をしている。二〇一八年の英訳レポート送付は公式に日本政府への質疑でとりあげられ、人種差別撤廃条約第四条ｃに反する議員のヘイトスピーチを処罰するようにとのＡＲＩＣの勧告案が、国連の対日本政府勧告にも一部反映され、厳しいものとなった。

しかしこのようなヘイトウォッチは市民社会が行うだけでなく、ドイツなどのようにむしろ国や行政が極右規制として行うべきものなのである。日本政府が人種差別撤廃条約に反してこれらレイシズムを放置し続けるばかりか自ら差別煽動を続けてきたことは既にみた。一体このような状況がつくられたのはなぜなのか。極右なき戦後日本社会に極右組織の結成を用意した背景とは何なのだろうか。

その答えは歴史否定にある。レイシズムの人種戦にとって重要な戦場となってきたのが歴史であった。野放しにされた歴史否定論から日本版極右は生み出されたのである。

†ホロコースト否定とレイシズム

歴史否定とは何か。ホロコースト否定論を例に高橋哲哉は次のように説明している。

「ホロコースト、つまりナチス・ドイツによるユダヤ人大虐殺はなかった、アウシュヴィッツなどの絶滅収容所のガス室でユダヤ民族絶滅作戦が実行されたというのは嘘で、でっち上げだ、という主張である。歴史学界では学問的意味を認められず、悪質なデマゴギーと見なされ、ドイツやフランスなどヨーロッパ諸国では反ユダヤ主義につながり人種憎悪を煽り立てる犯罪として刑事処罰の対象となる」[14]。また「戦後まもなく一部の人びとが唱え始めて以来、欧米各国に根を張り、今日ではアメリカの「歴史見直し研究所」（IHR）を中心に国際的なネットワークを形成して宣伝活動を行っている」。

学会で相手にされないという程度ではすまない。欧州人権裁判所が二〇〇三年に「人道に対する罪を否定することは、ユダヤ人に対する人種的名誉棄損と憎悪の煽動の最もゆゆしき形態の一つである」と述べる通り[15]、欧米ではホロコースト否定論はレイシズムに基づ

1	ホロコーストはなかった。絶滅作戦の象徴、絶滅収容所のガス室もなかった。
2	ナチスの「ユダヤ人問題の最終解決」とは絶滅ではなく、ユダヤ人の東方移送ないし追放でしかなかった。
3	ナチズムのユダヤ人犠牲者の数は六〇〇万や五〇〇万ではなく、はるかに少数――二〇万、一〇〇万など――であり、しかもそれは虐殺の犠牲者ではなく戦争中の不可避の犠牲者にすぎない。
4	第二次世界大戦の責任はドイツにはない。ドイツにあるというのならユダヤ人にもある。
5	三〇年代、四〇年代における人類の重大な敵はナチス・ドイツではなく、スターリンのソ連であった。
6	ホロコーストは連合軍の、主としてユダヤ人の、とりわけシオニストのプロパガンダによってでっちあげられたものである。

図表18　ホロコースト否定論の特徴

出典：高橋哲哉「否定論の時代」小森陽一・高橋哲哉編『ナショナル・ヒストリーを超えて』東京大学出版会より。

いたヘイトスピーチの一類型だ。欧州では処罰の対象とされている（フランスの一九九〇年のゲソ法、ドイツの一九九四年のホロコースト否定罪ほか）。

高橋はホロコースト否定論と闘うフランスの知識人ヴィダル・ナケがまとめた否定論の特徴六点を紹介している（図表18参照）。ユダヤ人虐殺の歴史を否定したり（一）、矮小化したり（二、三）、あるいは捏造でありユダヤ人のプロパガンダだ（六）ということが、ユダヤ人を不平等に扱う人種差別の効果があることは明らかであり、この言説がレイシズムを煽動することもよくわかるだろう。だが四や五のように旧ソ連や共産主義や全体主義一般の害悪として被害を相対化したり、あるいはユダヤ人に責任を押し付けたり、ドイツ人の加害責任を相対化させたりすることが目論まれていることに注意しよう。

イギリス出身の否定論者デヴィッド・アーヴィングは次のように語る。[16]

ドイツ人は真実も権利も公正さも剝奪された。五〇年近くも馬鹿をみたのです。ドイツの歴史学者は皆、意気地なしです。人を馬鹿にしている。真の歴史を記述するために、私は国際的なキャンペーンを行ってきました。二年後のドイツについて、私はこう予言します。ドイツ人は歴史の虚偽に気づき、根拠のない罪悪感から解放されるでしょう。……／　我々の主張は確実に大衆の心を捉えています。今後数年間は、暴力に満ちた、さらに劇的な展開になるでしょう。

そして日本でもこれとそっくりの次の発言をみてほしい。

戦後の歴史教育は、日本人が受けつぐべき文化と伝統を忘れ、日本人の誇りを失わせるものでした。特に近現代史において、日本人は子々孫々まで謝罪し続けることを運命づけられた罪人の如くにあつかわれています。冷戦終結後は、この自虐的傾向がさらに強まり、現行の歴史教科書は旧敵国のプロパガンダをそのまま事実として記述するまでになっています。世界にこのような歴史教育を行っている国はありません。（新しい歴史教科書をつくる会趣意書、一九九七年一月三〇日）

このように歴史否定論はレイシズムによってナショナルヒストリー（国民の歴史）を舞台とした人種戦と結びつけられている。

このような日本版歴史否定論が一九九〇年代から急速に台頭しはじめたのである。

†「慰安婦」ヘイトスピーチとレイシズム

高橋は日本版の歴史否定論が、ホロコースト否定論と「同レベルの最悪の修正主義に近づいている」として共通点を整理した（図表19）。先のホロコースト否定論の整理と「いかに似ているかは一目瞭然だろう」とした。

重要なことは「「健全なナショナリズム」の名において、いかに〝不健全〟な否定論が、ホロコースト否定論と同じく時に露骨で時に隠微なレイシズム（民族、人種差別）ととも

1	南京大虐殺はなかった。性奴隷制（sexual slavery）としての日本軍慰安所制度はなかった。
2	「従軍慰安婦」とは性奴隷ではなく、「単なる商行為」「売春婦」にすぎない。
3	南京事件の中国人犠牲者数は、中国側の言う三〇万でも、日本の歴史教科書が採用する十数万から二〇万でもなく、「最大限で一万人」で、一般市民の死者は安全区国際委員会の報告が「全部正しいとしても四七人」にすぎない。
4	朝鮮の植民地化や日中戦争の責任は日本にはない。責任はむしろロシアや欧米の脅威に対し危機意識をもたず、近代化が遅れた朝鮮や中国の側にある。
5	日本のアジア進出の時代、東アジア諸国にとって真の脅威は日本ではなく、ロシア（ソ連）および欧米列強であった。
6	南京大虐殺、「従軍慰安婦」問題は、「国内外の反日勢力」のプロパガンダによってでっち上げられたものである。」

図表 19　日本版の歴史否定論の特徴

出典：高橋哲哉「否定論の時代」小森陽一・高橋哲哉編『ナショナル・ヒストリーを超えて』東京大学出版会より。

に、また特徴的なセクシズム（女性差別）とともに登場しているか」だ。「慰安婦」否定論はそれじたいが性暴力被害者への最も許し難いセカンドレイプなのである。

ホロコースト否定の場合、ドイツはじめ欧州ではホロコーストの歴史が公的な記憶として公認されネオナチも規制されているという反レイシズム規範があるので、それに対するバックラッシュとしてホロコースト否定が起きている。だが「慰安婦」否定論はじめ日本版歴史否定論の場合、アジア侵略と植民地支配の歴史が公的な記憶となっておらず、ようやく九〇年代にアジアの被害者が「証言」をはじめたことが直接の攻撃の引き金となっている。しかもこれら

「慰安婦」否定論は、単に民間人の極右組織によって行われたのではなく、極右の大学教員や文化人や政治家を巻き込んで、しかも日本政府が主導して大々的に煽動された。

†一九九〇年代以降の「慰安婦」問題と日本政府による差別煽動

敗戦後の西ドイツと対照的に、日本は一九四五年に敗戦して以降、米国による共産主義封じ込めの東アジア戦略に強く規定されるかたちでアジア侵略の責任を曖昧にしたまま五二年にサンフランシスコ講和によって国際社会に復帰した。その後米国の強力なヘゲモニー下におかれた東南アジアの反共軍事独裁政権にODA(政府開発援助)を梃子にして経済進出をはかり、高度経済成長にまい進していった。

それが冷戦崩壊とアジアの民主化によって、アジア侵略の被害者が直接日本政府を告発する条件が整い、実際に九〇年代にいくつもの裁判が起こされた。むしろ九〇年代にこそ「戦後はいまようやくはじまった」のである。[17]

戦後補償問題のなかで象徴的とされた日本軍「慰安婦」の存在は、小説やノンフィクションや戦記などに以前から書かれ、戦友会の懇親会などで思い出話等で語られる公然の秘密であった。それが社会問題となったのは一九九〇年六月国会ではじめて社会党本岡昭次議員が日本軍「慰安婦」の実態調査を要求した際、労働省職業安定局長が「民間の業者が軍とともに連れ歩いた」「調査はできかねる」と答弁したことだった。

この発言に傷つき激怒したのが被害者だった。翌九一年八月一四日に、韓国ソウルで金学順さんが、自分が「慰安婦」被害者であるとして実名で名乗り出て日本政府を告発したのである。この告発も日本政府による歴史否定が契機だったことは忘れてはならない。

そもそも日本軍「慰安婦」制度とは、アジア太平洋戦争時に旧日本軍中央によって体系的に組織された慰安所運営制度のことであり、日本や朝鮮・台湾といった植民地さらには中国や東南アジアの戦地という広大な地域で女性に性暴力被害を加えた、旧日本軍性奴隷制度というべきものであった。それはホロコーストなどと同じく人道に対する罪であり、しかも組織的な戦時性暴力であったため、本来は戦後直後に裁かれるべきであった。日本軍「慰安婦」制度は性・人種・階級の三重の差別システムであり、「慰安婦」否定論はこれら三重の差別の煽動である。

ドイツとは対照的に、日本のアジア侵略の歴史も公的記憶とされないところに日本政府によって尊厳を直接傷つける歴史否定が加わったことで、高齢の被害者が自ら実名で名乗り出て被害を証明することを強いられたのである。

この告発は韓国と日本のみならず世界に衝撃を与えた。反セクシズムの弱い戦後のアジア諸国では被害を名乗りでることは信じがたいほど勇気が要った。

九二年には中央大学吉見義明教授によって「慰安婦」制度に日本軍が組織的に関与したことを示す証拠が発表され、これにより政府は責任を否定できず、被害者聞き取り調査を経て、九三年には河野官房長官談話（河野談話）が出された。これは被害者が意に反して「慰安婦」にされたこと、慰安所設置等に「軍の関与」を認めた点で大きな前進があった。だが明確に法的責任を認めず「軍の関与」が何であるかはあいまいなままであった。

九五年には村山政権が「植民地支配と侵略によって」「とりわけアジア諸国の人々」に「多大の損害と苦痛を与え」たことを認め「痛切な反省の意を表し、心からのお詫びの気持ちを表明」する村山談話を発表した。はじめて明確に「植民地支配と侵略」に謝罪を行ったと言えるがしかし法的責任については明確にせず、レイシズムや歴史否定と闘うという具体策もなかった。

そして村山政権は「慰安婦」問題を「女性のためのアジア平和国民基金（アジア女性基金）」を発足させることで解決しようとした。これは民間の募金を集め「償い金」を被害者に渡し、首相の「お詫びの手紙」を届けるというものであった。日本政府が「慰安婦」

制度を戦争犯罪として法的責任を認めて政府が公的に賠償することを回避するという外務省発案の被害者・運動の分断戦略だといえた。限界はあるにせよもしもアジア女性基金が、日本軍性奴隷制の歴史を公的な記憶にすべく闘い、被害者への攻撃を含む「慰安婦ヘイト」に対して三重の差別煽動であると断固として闘っていたら、近年の「慰安婦ヘイト」の矛先は被害者やNGOだけでなく女性基金や日本政府にも向かっていたであろう。だがそのようなことさえなかった。

その後、河野談話や教科書「慰安婦」記載などの極めて僅かな成果を攻撃目標と定め、被害者バッシングと歴史否定論が台頭してくることになる。

九六年には前述の「新しい歴史教科書をつくる会」(つくる会)が発足し、政財界に強い影響力を持つ人物・政党をまきこんで発展していった。

九七年には「日本の前途と歴史教育を考える若手議員の会」(若手議員の会)が発足し、週一ペースで勉強会を開き、河野談話撤回や教科書記述撤廃を求める活動を展開した。同会事務局長は安倍晋三で、同会が一九九七年に出した『歴史教科書への疑問』(展転社)で「実態は韓国にはキーセンハウスがあって、そういうことをたくさんの人たちが日常どんどんやっているわけですね。ですから、それはとんでもない行為ではなくて、かなり生活の中に溶け込んでいるのではないかとすら私は思っているんですけれども[18]」と書いている。これは単に「慰安婦」否定のみならず、韓国人の「生活の中」に売買春が「溶け込んでいる」という文化を根拠にしたレイシズムでありセクシズムであった。

同じ時期に「慰安婦」被害者を中傷する小林よしのり『戦争論』がベストセラーとなる。歴史否定の商品化とその成功は市場を通じてレイシズムを煽動する先駆けとなった。

自民党極右議員らが推進した歴史否定運動は着実に成果を上げていった。二〇〇一年の次の教科書採択時にはつくる会の教科書の採択率こそ一%という低率に満たなかったが、他方では積極的に「慰安婦」や加害の史実を記述した教科書の採択率が激減した。

二〇〇一年には同議員らがNHKに圧力をかけ、二〇〇〇年の女性国際戦犯法廷を取材した番組が放映直前に改編された。同法廷はアジア各国の「慰安婦」被害者らの証言と関連資料をもとに具体的な被害・加害を詳細に明らかにしたうえで、国際人権法の専門家を招いて開廷した極めて水準の高い民衆法廷であり、国際的には大きな反響を呼んだ。

だが安倍晋三（当時官房副長官）はNHK幹部に直接会いにゆき、「偏った番組」であり女性国際戦犯法廷は「北朝鮮の工作員によるもの」というデマを用いて、圧力で番組を変えさせた。政権中枢にいる極右政治家が公共放送（国営ではない）NHKの幹部に会いにゆくことじたい大問題となってよかった。だがこの露骨な政治圧力による言論弾圧事件は野放しにされた。なぜならば扱っていた内容が「慰安婦」問題と昭和天皇の戦争責任を認めると言う内容だったからであり、マスコミ一般がタブーとしてほとんど黙殺したからである。歴史否定を使って極右が攻勢をかければ、国や自治体はもちろん政治家やマスコミさえ沈黙し、ほとんど何の抵抗もなくレイシズムが増大するという、二一世紀日本で日々みられるパターンがこの時にすでに確立されていたのである。

そして二〇〇五年の教科書検定で遂に二〇〇六年度から使用される中学校歴史教科書の本文には「慰安婦」の記述が全廃されてしまった。

そして在特会が結成されたのは二〇〇七年であった。先にみたとおり日本で自然発生的に極右が組織されるほど、政治による差別煽動が積み重なった結果でもあり、また庶民のレイシズムもそれだけ増大したのである。

このような歴史否定の動きは今に至るまで放置され加速され続けていると言ってよい。とりわけ第二次安倍政権がスタートした二〇一二年末以降は、政権主導で歴史否定が推進されていったのである。

日本の場合ドイツと異なるのは、アジアでの侵略史が真相究明レベルから不十分であり必要なジャッジメントもなされていない点である。そして「慰安婦」ヘイトがホロコースト否定と異なるのは、欧米でのホロコースト否定は直接差別発言ができないので歴史論争に持ち込むという形態をとっているのに対し、日本の慰安婦ヘイトは差別が許される状況下で、最も威力のある武器として活用されているということだ。一般庶民やマイノリティや社会運動家や人権や反差別を訴える著名人を攻撃する際に「慰安婦」ヘイトがフル活用されている。

ジャーナリスト伊藤詩織への攻撃がその典型例である。彼女は安倍政権に近しい男性記者からレイプ被害に遭い、それを告発した所、無数の極右著名人やネット右翼からウソツキ呼ばわりされるというセカンドレイプを大量に受けた。重要なのはその手法が「慰安婦」と同じだという言い方で攻撃されたことだ。たとえば漫画家を名乗りシリア難民や「慰安婦」被害者を中傷するマンガを書き続けてきたはすみとしこは、伊藤詩織があたかも「枕営業」(セクシズムに満ちた言葉だが、体を提供することで上司や取引先から不正に供与を得るという意)を行ったというマンガを描きSNSで大拡散した。彼女や杉田水脈議員らは、彼女を「慰安婦」被害者になぞらえ、ウソツキだと中傷し続けたのである。

第四章などで繰り返し差別に対しては、差別の自由を否定する社会正義を対置しなければばならないと強調してきた。「慰安婦」バッシングや伊藤詩織への攻撃等に対し、政治家やマスコミはほとんど社会正義に立って差別を批判することがなかったといわねばならない。これが日本の人権や民主主義をどれほど破壊してきただろう。

†欧米と日本との政治による差別煽動の違い

これほど反差別ブレーキが存在せず、「慰安婦」ヘイトをはじめとする歴史否定論が何の抑止にも出会わずに、しかも官民それぞれの極右勢力によって三〇年以上継続されている国は先進国では日本のほかにない（欧米との違いを図表20で示した）。

ここまで読んでもらえた方には、日本社会がレイシズムとくに歴史否定を戦術的に用いる極右政治家や極右著名人が、なぜほとんど抵抗に出会わず、またマスコミからも批判されないのかを理解してもらえるだろう。ドイツであればレイシストは右翼一般と区別された差別や暴力で民主主義を破壊する「極右」として分類され、人種差別した者として糾弾され、（政治家としての）政治的生命や社会的地位（解雇など）を失うであろう。ところが日本では反差別ブレーキを踏む社会運動が圧倒的に弱く、また政治家やマスコミも、区別一般から差別を切り分け、あるいは右翼から極右を区別して、「極右」として概念化して

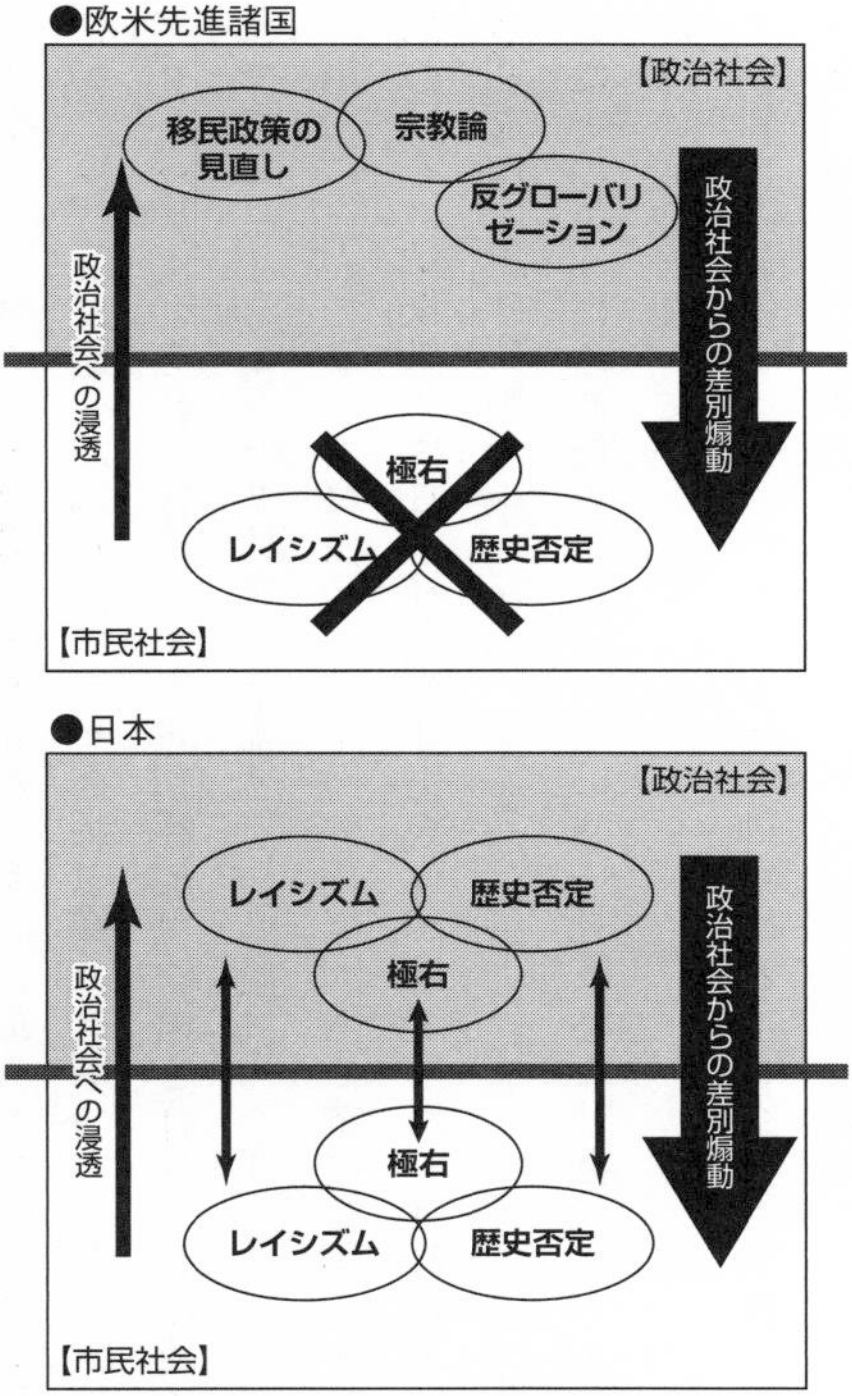

図表 20　政治社会からの差別煽動

上図：欧米先進国では政治社会でのレイシズムと歴史否定は建前上は許されず極右も基本的にはしめだされている（政治社会に浸透する場合は「極右ではない」と自己主張し移民・反グローバリズム・宗教論にレイシズム・歴史否定を変換）。

下図：日本では侵略戦争・植民地支配が不処罰のままで極右を定義できない。反レイシズム・反歴史否定の規範もない。そのため政治社会でさえレイシズム・歴史否定・極右が野放しであり、市民社会とを横断する形で組織可能であり、その結果政治社会からの差別煽動効果が極めて強く、レイシズムが暴力に結びつく社会的回路が高度に発達。

出典：梁英聖『日本型ヘイトスピーチとは何か──社会を破壊するレイシズムの登場』影書房より。一部改変。

レイシズム煽動を報道することもない。

第一にこの構造は前章で述べた一九五二年体制の産物である。とりわけ入管法と対決すべき反レイシズムという社会正義がないことは最も初歩的な極右規制の成立を妨げている。

第二に、既に述べた八五年プラザ合意以降の日本の大企業の急激な多国籍企業化によるグローバル化とそれを背景とする北朝鮮敵視政策を背景とした政治による差別煽動の常態化である（「チマチョゴリ切り裂き事件」の節参照）。

第三に、右のような経済のグローバル化は国内産業の空洞化と労働力の非正規化圧力を強め、その結果急激に日本社会の非正規化が進展した。戦後日本で社会規範となっていた長期雇用（終身雇用）、年功賃金、企業別労組を柱とする日本型雇用が日本人に約束していたかのようにみえた「正社員」という一見安泰な社会人モデルは、若年層はじめ手が届かないものとなっていった。

新自由主義的グローバリゼーションの中で日本の企業社会統合の安定性がゆるがされたうえ、反差別ブレーキなき日本社会で三〇年以上も政治による差別煽動が継続したところに、二〇〇七年には遂に在特会などといった極右が自然発生的に結成・活動をはじめ、二〇一六年にはこれら極右が日本第一党なる政党をつくって大々的に選挙制度をつかってへイトスピーチを頻発させるようにまでなったのである。

この二一世紀型の差別煽動メカニズムを理解しなければ、近年発生している様々なレイシズム煽動現象や政治空間での極右の台頭現象を合理的に理解することはできない。

†「海を渡る「慰安婦」問題」――グローバル化する日本版歴史否定

さてここまで日本のレイシズム状況を悪化させてきたこの「慰安婦」ヘイトは恐ろしいことに、もはや海を越え米国やオーストラリアなど諸外国に急速に普及しつつある。というのも日本の極右は「歴史戦」では、日本国内では完全に勝利したので、むしろ主戦場は米国やオーストラリアなどの海外だと考えている。なぜならばそれら外国では「慰安婦」問題は第一義的に世界史的な戦時性暴力事件として適切に理解され、特に女性への性暴力事件として極めて否定的に理解されているからだ。現に二〇〇七年には共和党のネオコンが影響力を持つブッシュ政権であったにもかかわらず米国下院決議で「慰安婦謝罪要求決議」を上げられた。同じ年にはオーストラリアやカナダやオランダでも相次いだ。従って第二次安倍政権ではこれら諸外国での「慰安婦」に関する「誤解」を解き、「真実」を積極的に広める必要があるとして多額の予算を計上し、「慰安婦」否定論普及に努めている。

そして第二に、韓国の被害者と支援運動が国際的なディアスポラコリアンのネットワークや特に米国のアジア系マイノリティの支援を受けて、平和のための少女像（日本では極右によって「慰安婦」像と言われる）建設が進んでいる。これらの建設妨害・撤去運動を極右らはレイシズムの主戦場として見定め、在外日系人の保守派・極右を核にし、現地の日系企業と日本政府の協力を得ながらロビイングやプロパガンダを進めている。

オーストラリアでは「少女像」がなんと日系人へのレイシズムを煽動するとして差別禁止法に訴える形で建設妨害を行い、結果として像は教会の私有地で保管されることになった。また米国では在米大使館のホームページでなんと「慰安婦」問題を口実にいじめを受けたら通報するようプラットフォームが設けられている。在外国民の差別被害について相談窓口を設けることは推奨されるべきであるが、これは意図的に「慰安婦」責任追及＝日系へのレイシズムという構図を作ろうとする戦術によるものだ。現に極右は現地の日系人コミュニティでは聞かれたことがないという、「慰安婦」問題を口実にした韓国系からのいじめがあったとされ、それを杉田水脈議員らがあたかも事実であるかのように宣伝し、「慰安婦」否定論の材料にされている（山口智美他『海を渡る「慰安婦問題」』）。

さてこれら「慰安婦」ヘイトは現時点では日本でしか通用せず、世界では悪質なレイシズム特にセクシズムだとして一顧だにされることはない。だがこの状況が続くとも限らない。危惧すべきは、欧米のネオナチや白人至上主義者らが「慰安婦」ヘイトを、自らのホロコースト否定や黒人奴隷制擁護の歴史否定論を正当化するために用いる事態であろう。じつは欧米のレイシストは日本社会を、難民受け入れもほとんどなく、移民受け入れも拒否してあくまでも短期の単純労働者しか受け入れず、多文化主義も拒絶する、極めて同質性の高い社会として高く評価し、レイシストにとっての理想郷とみなしてきた（たとえばフランスの極右国民戦線の創設者のル・ペンや、ノルウェーでの銃乱射事件を引き起こしたヴレイヴィクや、米国白人至上主義者である元KKKのデヴィッド・デュークや、日本生まれで日本の移民政策を称賛するジャレッド・テイラーなど）。「慰安婦」ヘイトを彼らが活用する危険性は無視できない。

「慰安婦」ヘイトの野放しはもはや日本一国の問題でも、またアジアとの問題だけでもなく、グローバルなレイシズム煽動と極右台頭つまり世界平和を危機にさらす問題として理解されねばならないだろう。

†レイシズムの商品化、産業化による差別煽動

本章の終わりに、第三章で触れた差別煽動ではない、もう一つの差別アクセルについて指摘しておかなければならない。経済である。『戦争論』『マンガ嫌韓流』をはじめヘイト本と称される差別・ヘイトスピーチを商品化したコンテンツが書籍・雑誌・新聞・週刊誌・テレビ・ラジオ・インターネットなどのメディアで爆発的に普及しているのである。これは差別の商品化を通り越して、差別の産業化といってもよいほどである。

売れるからという理由だけで、積極的に差別を商品化する出版社や編集者が無数にいる。その典型が『WiLL』や『正論』や『SAPIO』であろう。『WiLL』の編集長は、前述のホロコースト否定論を掲載し『マルコポーロ』を廃刊させた花田紀凱である。反レイシズムがあれば花田が雑誌の編集長として働くどころか出版業界で継続して働くことは不可能だったろう。だが言論の自由を悪用してレイシズムを商品化することで売り上げを伸ばす手法で『WiLL』はかなりの成功を収めた。出版社のワックともめたあと編集部員を引き抜いて『Hanada』という『WiLL』の装丁とそっくりのヘイト雑誌をいまも出し続けている。

出版の事例は他書があるのでネットでの差別煽動について触れておく。[19]『保守速報』が有名だが、インターネットで広告収入を目的としてつくられるまとめサイトやブログも、アクセス数を稼ぐためレイシズムを煽動する者が後を絶たない。たとえば二〇一七年一月一七日に「韓国、ソウル市日本人女児強姦事件に判決　一転無罪へ」などという見出しの記事が「大韓民国民間報道」なる韓国語と日本語それぞれのサイトに投稿されると、日本語のツイッターやフェイスブックで二万件以上シェアされ、SNSでは朝鮮人へのヘイトスピーチが頻発することになった。[20]

だがこの記事はまったくの捏造であった。「大韓民国民間報道」なるサイトも二五歳の大学院卒の男性が金儲けのためにつくったものであった。

バズフィードのインタビューに応じた男性いわく、韓国ネタは日本のSNSで炎上しやすく、また国外ネタが訴訟になりにくいため意図的に選んだ。そして炎上してアクセスを増やすため極右のインフルエンサーである桜井誠（在特会創設者、現日本第一党党首）を利用した。桜井のフォロワーを意図的にフォローすると、フォローをし返す者が増える。そしてヘイトスピーチを投稿しているとリツイートされる確率があるので、桜井がリツイートする確率も上がる。この計算は当たり、桜井は「韓国人による日本人女児強姦」なる捏造記事を、「これこそヘイトです。日本人は強姦大国韓国に行くべきではありません」と記事リンク付きで拡散し、二〇〇〇以上リツイートさせることに成功した。なお男性は有料サービスに一五〇〇円を支払い同記事拡散を図ったがほぼ効果が無く、笑いながら「桜井さんの方が、100倍力がありましたね」と語った。

結局レイシズム煽動を利用してアクセスを稼ぐ戦術は成功した。無料サービスでつくった「大韓民国民間報道」は一月一七日から二六日までで約一七万PVを稼いだ。トップ3の記事は①「韓国、ソウル市日本人女児強姦事件に判決　一転無罪へ」約七万二〇〇〇PV、②「次期米国国務長官、慰安婦問題で韓国に貿易停止の経済制裁」約二万三〇〇〇PV、③「人肉工場摘発　奇形児缶詰に高齢者ハンバーガー　韓国」約一万四〇〇〇PVだ。

男性は韓国を「好きも嫌いもない」といい、「歴史的な知見も深くないですよ。たとえば慰安婦問題について聞かれても、コメントできません。みんな大変そうだな、というくらい」という。「デマや噂なんてこの世にありふれている。それに踊らされるのは個人の問題」「噂を流した側の責務ではない。これからもデマはでき続けるはず」と語っている。

この語りからは直接差別の意図を感じ取ることは難しい。むしろ発信している内容への徹底的な無関心、どうでもよさだけが目につく。差別アクセルが経済的利害と結びつく場合に起きるのは、このようなただ単に儲かるから差別するというタイプの人物によって、SNSで最も酷い差別煽動が生じるということである。同記事によると男性がこの差別ビジネスに手を染めるきっかけは、二〇一六年の米大統領選でトランプ陣営によってFBでフェイクニュースが活用されたことだ。そのフェイクニュース発信をマケドニアの一〇代の少年が小遣い稼ぎで行っていたことをニュースで知って、それを真似たのだという。

商品化による差別煽動はじつは最も恐ろしい。売れれば差別だろうがジェノサイド煽動だろうが商品として流通し、その商品の力、資本の力によってレイシズムが煽動されてしまうからだ。こうなると止めることは非常に困難になる。かつて米国の黒人奴隷制がいかに廃止するのが難しかったか。それは奴隷制を廃止しようにも、プランテーション産業として大勢の労働力を雇用し、その産業なしに地域社会が成立しないほど奴隷制が経済システムに根深く組み込まれてしまったからだった。いま日本は外国人技能実習制度やヘイト本・ヘイトコンテンツ産業の急激な進展によってレイシズムをなくそうにも極めて困難な状況がつくられつつあるのである。

第七章

ナショナリズムとレイシズムを切り離す

最終章である本章はすこし根本に立ち戻りこれまでの議論を理論的に整理したい。

†ナショナリズムにとって不可欠なレイシズム

フーコーの議論から生きるべきものと死ぬべきものを分けるレイシズムの近代的形態を第二章で説明した。その際に残しておいたもう一つのレイシズムの近代的形態である、バリバールが指摘したレイシズムとナショナリズムの節合を考えよう。

まずナショナリズムの定義を振り返ってみよう。有名なのは何といっても、ベネディクト・アンダーソンの「想像の共同体」という定義であろう。

ネイション（国民）とはイメージとして心に描かれた想像の政治共同体である――そし

てそれは、本来的に限定され、かつ主権的なものとして想像されると。[1]

これによると日本国民やアメリカ国民などのネイションは実際には存在せず、ただ想像されたものでしかない。しかしそれはある排他的境界（つまり非国民を排除する）を持つ共同体としてイメージされ、かつ主権国家に結びついたものとしてイメージされる。

また同様に有名なアーネスト・ゲルナーの定義として「政治的単位とナショナルな単位とが一致すべきであると主張する一つの政治的原理[2]」というものがある。つまり日本や米国などの近代的な主権国家と、日本国民や米国国民などのナショナルな単位を、ぴたりと合わせるべきだという政治の原理がナショナリズムというわけだ。

これら定義を使ってナショナリズムがもつ排外性を説明するとどうなるか。ネイションは内と外をわける境界を持つという意味で排他的である。この定義から導ける、人間をネイションか否かに二分するロジックを、ナショナリズムの二分法としておこう。

だが肝心の、実際に誰をネイションに含め誰を含めないのか、を決めてみよう。ナショナリズムの二分法からは、具体的な判別規準は何もでてこない。日本人（国民）とは何か？　日本人とは外国人でない者だ。では外国人とは何か？　日本人ではない者だ……。

コインの表と裏をぐるぐると永遠に回すように、ナショナリズムの二分法はトートロジー(同義反復)に陥ってしまう。

要するにナショナリズムの二分法はそれだけでは機能しない。実際に人間を国民/非国民に分ける時には、具体的に人間を判別する規準となる別のモノサシが必要となる。

それがレイシズムであると指摘したのがバリバールであった。第一章で紹介したがウォーラーステインは、バリバールとの共著『人種・国民・階級』でレイシズムを、世界システム論がもつ周辺部の労働力コストを激しく搾取することを可能にする機能として定義した。バリバールは世界システム論に賛意を示しつつ、しかしレイシズムをナショナリズムとの節合関係に着目し、一国ごとの労働者階級の階級闘争や反レイシズム闘争しだいでは一定の幅をもって変革可能なヘゲモニーのあり方として分析することを提案した。

バリバールによると、レイシズムはナショナリズムと常に互いに補い合う関係にある。ナショナリズムの歴史的「場《シャン》」においては、つねにナショナリズムと人種主義《レイシズム》との相補的規定性がある。[3]

ナショナリズムだけでは満たすことができない何かをレイシズムが補うというのである。逆にレイシズムは自分では達成できないものをナショナリズムの動員によって達成する。

後者については第一章などの事例からわかるだろう。ナチズムがなぜホロコーストを実現し得たのかといえば、ドイツナショナリズムを大動員でき、ナチが政権をとってレイシズム政策をそのプロパガンダに使えたからである。植民地支配や二度の世界大戦、そして今日の極右ポピュリストの煽動に至るまで、いずれもレイシズムが実際に暴力を組織する際に、国家権力を動員しナショナリズムの支えを得ている。

問題は前者の、レイシズムがナショナリズムを補うという指摘だ。バリバールは「いかなる国民《ネイション》（すなわちいかなる国民の国家《ナショナル・ステイト》）も、実際のところエスニックな基盤をもってはいない」と言う。先ほど確認したナショナリズムの二分法でいえば、なんらかの「エスニックな基盤」がないと国民／非国民を分断できないということだ。

この「エスニックな基盤」を補うのがレイシズムなのだ。レイシズムはその人種化作用によって「虚構のエスニシティ」をつくりあげ、それをもとに人々はネイションとして組織される。「日本人」や「米国人」などのネイションが「自然なもの」として現われるのはナショナリズムではなく、レイシズムが人種化によって人種や国民を作り出すからだ。

人間を分けるというレイシズムの機能から見た場合に重要なことは、ナショナリズムとレイシズムの節合とは、ナショナリズムの国民／非国民の二分法に、レイシズムの（自）人種／（他）人種の二分法が結びつくということだ。これこそがナショナリズムの排外主義と呼ばれているものに隠されたレイシズムなのである。

レイシズムによるナショナリズムの補完は、以下の極めて重要な帰結をもたらす。

第一に、レイシズムは決して過激なナショナリズムの産物などではなく、むしろ「正常な」ナショナリズムに内在的なものである。このことは啓蒙主義的な反ナショナリズムの無力さを説明してくれる。「ナショナリズムは幻想に過ぎない！」とどれほど叫んでみたところでナショナリズムがなくならないのは絶えずレイシズムによる補強を受けるからだ。だからこそむしろ反レイシズムこそナショナリズムを実践的に抑制しうる。

第二に、ナショナリズムとレイシズムの節合のうち、国民国家の外的境界において機能するレイシズムは最も根本的なものであることがわかる。世界が複数の国民国家によって組織され、ナショナリズムが存在する以上、レイシズムは存在し続けるだろう。

にもかかわらず第三に、ナショナリズムとレイシズムには「それらの表象と実践に関してつねにズレが存在する」とバリバールは言う。「ナショナリズムの政治的目標と、ある時期における特定の「対象」への人種主義の結晶化との間に矛盾が存在する」と。

ここにナショナリズムとレイシズムを封じ込めるヒントが隠されている。反レイシズム次第では、その国のナショナリズムの政治的目標と具体的なレイシズム実践（イデオロギーや制度や主体を含め）との間に、矛盾を生じさせ、激化させることも可能だということだ。バリバールは「今日、実践的ヒューマニズムが達成されうるのは、それが何よりも効果的な反人種主義《レイシズム》である限りでのみである。このことは明らかに、種としての人間という観念に独自な社会的諸関係としての人間という別の観念を対抗させることを意味する。だが、このことと切り離せない形で、それは市民権《シティズンシップ》の国民主義的《ナショナリスト》政治をそのインターナショナルな政治と置き換えることを意味する」と言う。反レイシズムによってシティズンシップを脱国民化されたものに変えてゆくことで、ナショナリズムとレイシズムの矛盾をふかめる実践的方向性が提示されている。

第四章で見た通り、反レイシズムが組織され、反差別ブレーキを社会的に構築した場合、レイシズムに一定の歯止めをかけることができる。ただしその反面、レイシズムがナショナリズムを隠れ蓑にして国籍差別や国境管理へと逃げ込むという事態を頻繁に目にしてきた。改めて整理すれば、レイシズム禁止が規範として勝ち取られるからこそ、レイシズムはナショナリズムと従来のやり方での節合（国民＝人種〈内的レイシズム〉）ができなくなる。と同時に、ナショナリズムは国民＝非移民（国籍・国境による排除〈外的レイシズム〉）という形で、レイシズムと新たに節合しなおすのである。

本書「はじめに」で私たちは「肌色」や相撲の記事が象徴する「日本人＝日系日本人」という国民＝人種の日本的癒着をみた。今やこの癒着を理論的に解明することができる。

「日本人」とは何か？——レイシズムとナショナリズムの日本的癒着

問題を解くカギは①国民と②人種というカテゴリをきちんと分けて考えることだ。①ナショナリズムの二分法（国籍の区分線）と②レイシズムの二分法（人種・民族の区分線）を区別することと言い換えてもよい。

だがこれが日本では大変難しい。本書の「はじめに」で紹介した大坂なおみや蓮舫への「日本人か？」という詰問や、日本人力士優勝を礼賛する相撲の記事を思い出してほしい。根本的なことは、「日本人」／「外国人」という二分法では、①国民（ネイション）と②人種（レイス）というカテゴリがほぼ無意識に癒着しているということだ。

これをわかりやすく図示すると図表21のようになるだろう。

「日本人」と言った時、それは①日本国籍者だけを意味しない。プラスアルファとして②「日系」（人種）であることが無意識の前提とされている。日本人とはいわば日系日本国籍者のことだ（もちろんプラスアルファで日本在住、日本出身、日本語ネイティブ、日本文化修得者……）。同じように、「外国人」と言った時、それは①非日本国籍者であるだけでなく、②「非日系」つまり人種的にも「日本人」とは違う人々なのだと思われてしまう。ところが多くの日本人はこのような発想に疑問すら抱かない。それほど日本では「①国民＝②人種」の癒着は強いのである。

だが①国民と②人種とは違うカテゴリだ。①国民と国民を分ける線（ナショナリズム）と②人種と人種を分ける線（レイシズム）も異なる。このことをわかりやすく理解するために、日本ではほぼ完全に癒着している①国民と②人種の二つのカテゴリを、概念上引っぺがしてみよう。すると図表22ができる。

上下に①国籍の有無を、左右に②人種別（民族・エスニシティ含む）のマジョリティ／マイノリティをそれぞれ配置してみると、（日本人／外国人しか存在しないと思われていた空間に隠されていた）四つの類型があらわれることがわかる。日本国籍を持つ人々が上段Ⓐ Ⓑに位置するが、Ⓐ日本国籍かつ人種的マジョリティと、Ⓑ日本国籍かつ人種的マイノリテ

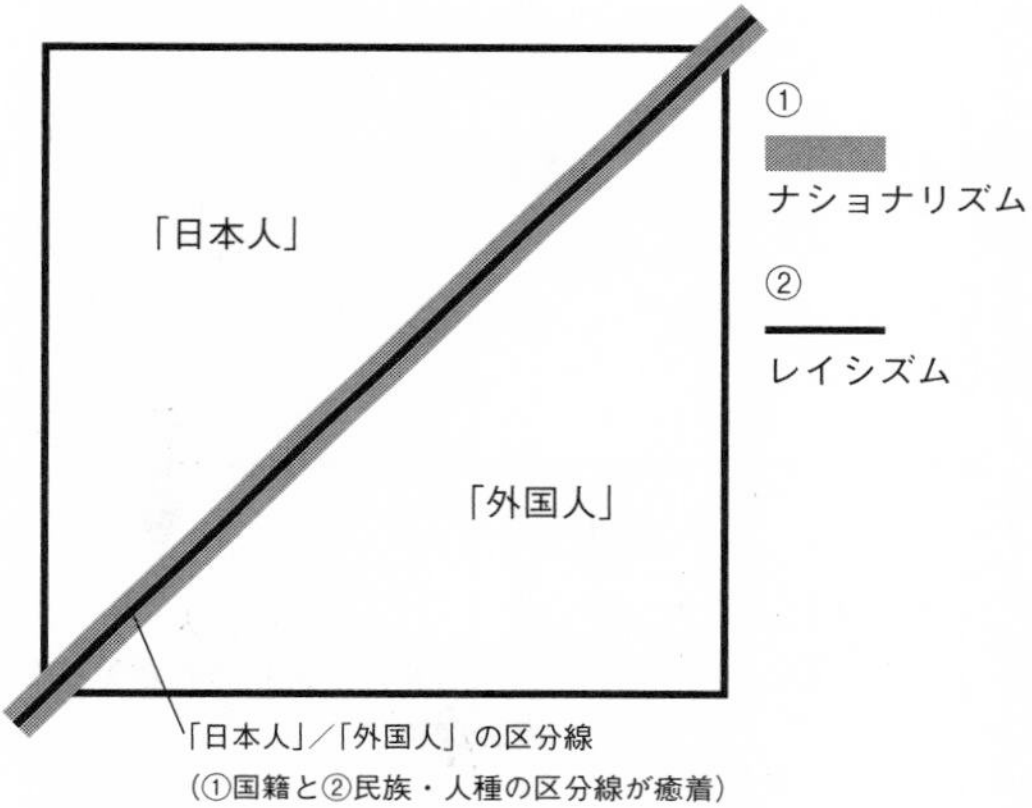

図表21　「日本人」／「外国人」概念の整理
日本社会での常識的「日本人」「外国人」二分法

ィが含まれる。下段ⒸⒹは非日本国籍だがⒸ非日本国籍かつ人種的マジョリティとⒹ非日本国籍かつ人種的マイノリティに分けることができる。

　つまり普段見えないのはⒷ日本国籍かつ人種的マイノリティと、Ⓒ非日本国籍かつ人権的マジョリティだ（図表21参照。日本ではレイシズムの壁と国籍の壁が癒着しているため、日本人＝「日系日本国籍者日本人」Ⓐ、外国人＝「非日系非日本国籍非日本人」Ⓓであることが無意識に前提されており、結果として灰色部分のⒷとⒸが「見えない」あるいは存在しないこととされている）。

　Ⓑだと例えば日本国籍を持つ在日コリアンがいる。他にもアイヌや沖縄や被差別部

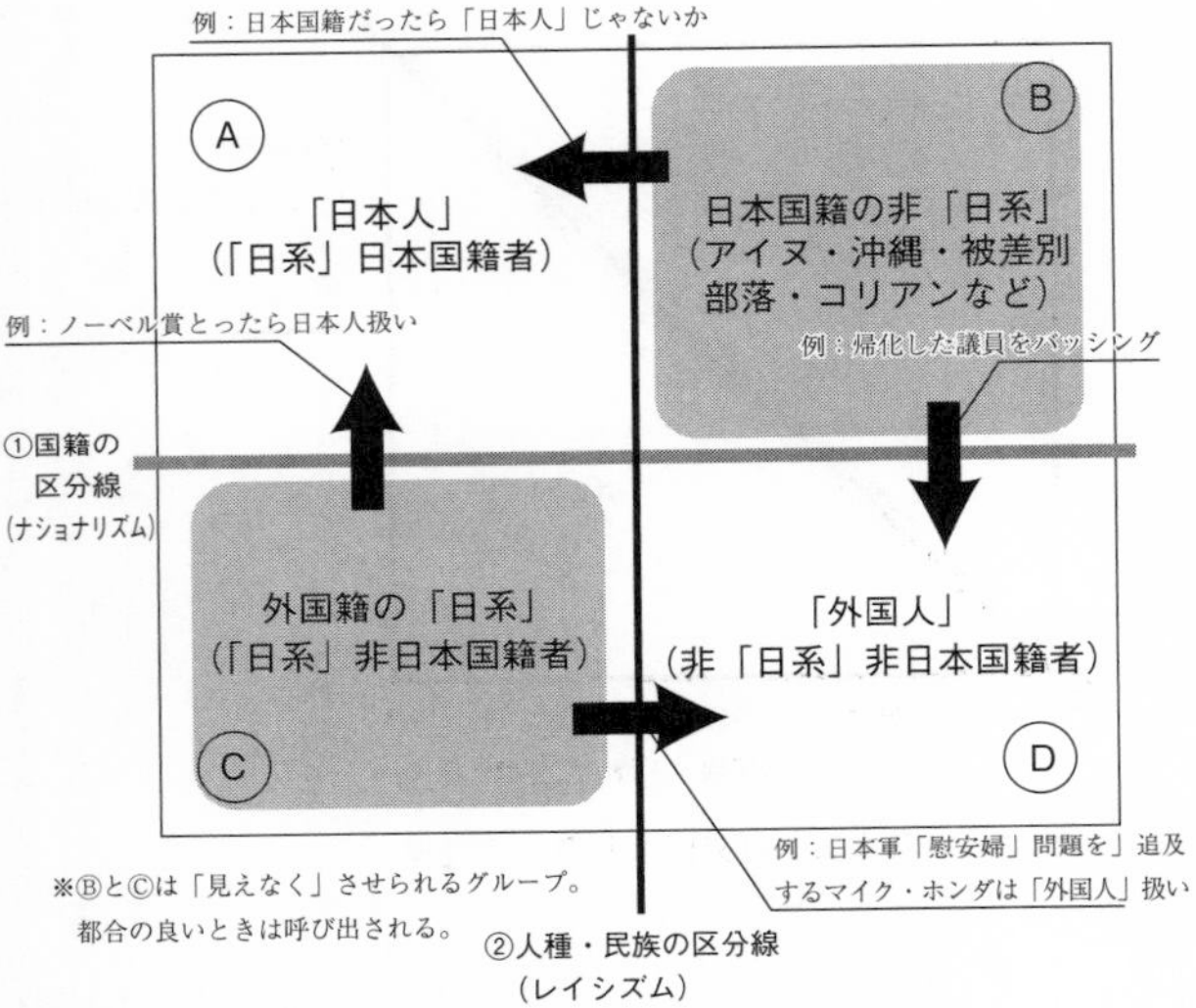

図表22　「日本人」／「外国人」概念の整理2
反レイシズムによって図表21のレイシズムとナショナリズムの日本的癒着を切り離した図

落出身者が含まれるだろう。いわゆる帰化した在日外国人も含まれる。本書冒頭で紹介した相撲選手の旭天鵬（モンゴル出身）や曙（ハワイ出身）や、プロテニスプレーヤーの大坂なおみ選手や国会議員の蓮舫などだ。Ⓒは例えば在日ブラジル人・ペルー人など八〇年代以降日本にやってきた、かつて日本が移民として送り出した南米に広く在住する「日系人」とその子孫が挙げられる。あるいは人種・エスニシティ的には「日本人」だと考えられるいわゆる日系米国人等が含まれる。例えば幼少期に第二次大戦中に強制収容された経験を持つ米国のマイク・ホンダ議員や、青色LED関連技術の発明でノーベル賞を受賞した中村修二（日本国籍離脱、米国籍者）等だ。

さて図表22は日本のレイシズムとナショナリズムの癒着を無理やり引っぺがすことで、Ⓑと©が日本社会では「見えない」いや「存在しない」ことにされていることを暴露する。そして日本のレイシズムがⒷと©を不可視化しつつも、都合よい時はⒶ（日本人）に「同化」し、都合悪くなるとⒹ（外国人）に「異化」する恣意性を発揮することをも教える。

例えばⒷ日本国籍を持つ在日コリアンの場合、「日本国籍だったらもう日本人じゃん」という形で、あるときは都合よくⒶ日本人に組み込まれる。アイヌや沖縄や被差別部落出身者も日本国籍を持っているということでマイノリティとしては存在を否定される。しかし都合次第ではⒷはⒹ「外国人」にも追いやられる。在日コリアンなら在特会がそうしているように、日本国籍を持とうが「外国人」として攻撃される。先ほどの旭天鵬もそうだ。そして国会議員の蓮舫や新井将敬（コリアン）などが「売国奴」や「帰化人」として差別されているときは「外国人」扱いされている。

©もまたⒶやⒹに追いやられる。例えば一九九七年に愛知県で集団リンチ殺害されたエルクラノ少年（当時一四歳）ら在日ブラジル人はⒸにいたとしてもⒹに、あるいは日本軍「慰安婦」問題の解決に尽力し二〇〇七年の米下院決議に奔走したマイク・ホンダ議員も「売国奴」としてⒹ扱いされる一方、ノーベル賞を受賞すれば中村修二やカズオ・イシグロのように簡単にⒶの「日本人」扱いされるのである。[4]

これらⒷとⒸにいる人々が不可視化され、ⒶとⒹに追いやられること自体が、レイシズムの作用であることに注意しよう。「肌色」なる人種的判別規準をつくりだすことで大坂なおみなど他者を「異化」することも、朝鮮人やアイヌを「日本人と同じ黄色人種」として「同化」（マイノリティとしての権利を否定）することも、同じレイシズムの人種化なのである。レイシズムが一見相反する「異化」と「同化」を行うのは矛盾でもなんでもない。それは「同じ黄色人種」と言いながら「毛深さ」や「吊り目」などという人種的判別規準によってアイヌや朝鮮人はいくらでも「異化」されることからも明らかだ。

レイシズムは「日本人」への「同化」にも「異化」にも作用する権力関係なのである。

こうして、あくまでマジョリティや日本社会の都合によって人種的マイノリティは見えたり見えなかったりする。図表21の「日本人」／「外国人」的な発想が社会の常識となっている背景には右のような力が働いているわけである。

そしてこのレイシズムとナショナリズムの日本的癒着が生み出す、日本人／外国人の強力な二分法こそ、日本でダブル・ミックス・ハーフとよばれる複数のルーツをもつ人々を不可視化する最大の要因なのである。[5]

いまや日本の「単一民族（社会・国家）神話」の正体が明らかになる。従来ナショナリズムによるものだとされてきた「単一民族神話」は、むしろ欧米の白人至上主義に類するレイシズムがつくる「単一人種神話」である。図表21と22の二つの図が明らかにしているのは、日本のレイシズムが強力に作用していること、さらにはレイシズムの二分法がナショナリズムの二分法とほぼ直接に癒着していることこそが、日本が「単一民族」であるという神話を生み出しているということだ。レイシズムとナショナリズムの日本的癒着こそ、「単一民族神話」をナショナリズムだと錯覚するイデオロギーを生み出したものにほかならない。

なぜ「反日」のレッテルを貼れば日本人であろうと容赦なく人種化されて「死ぬべきもの＝外国人」に分類されるのかという理由も明白になる。ナショナリズムとレイシズムとが癒着していればこそ、「反日」のレッテルは極めて強力な差別煽動効果をもつのである。

†反レイシズムによってレイシズムとナショナリズムを切り離す

だが欧米では話は異なる。Ⓒはたとえば米国では日系米国人Japanese Americanとかアフリカ系米国人Afro Americanとして公認されシティズンシップが認められている。X Americanと言ったとき、アメリカンとはシティズンシップ＝国籍で、Xはエスニシティである。Ⓑの場合はそもそも「同じ白人」のような言い方になるわけで、けっして「米国人」とはならない。日本人＝日系日本人のような人種と国民の癒着は存在しない。

欧米も日本も同じ国民国家としてナショナリズムとレイシズムが節合しているのは変わらない。日本は欧米と異なり①国籍と②人種の分断線がなぜかくも強く癒着しているのか。

それはもちろん米国の公民権運動のようなシティズンシップを闘いとる強力な反レイシズム運動がないからである。反レイシズムが人種差別を禁止し、政府や自治体に反差別ブレーキを制度化させ市民社会でも規範となることではじめて、ナショナリズムとレイシズムの間の矛盾を激化させ、歴史的に切り離すことができるのである。

米国で公民権運動は社会に反レイシズム規範を根付かせた。それによりある歴史的時期に、①国民（ネイション）と②人種（レイス）を切り離し、また①国籍の壁と②レイシズムの壁を引っぺがすことに成功した（図表21から図表22へのように）。それによりⒷとⒸは社会的に「見える」ようになる。つまり多民族・多文化主義が成立する（念のために言えば米国でマイノリティが見えるのは「肌の色」のためでは決してない）。それは、国籍によって上下を分ける区分線①だけでなく、左右を分かつレイシズムの区分線②が反レイシズム規範によって明確に「見える」化されている（同じネイションのなかでエスニックマイノリティとして存在を公的に承認する）ためだ。これがマイノリティの「見える」化の意味である。

では日本はどうか。残念ながら日本には公民権運動に匹敵する反差別運動は存在しなかった（在日コリアンは未だシティズンシップを獲得していない）。その結果、日本では①ナショナリズムと②レイシズムが切り離されず、独特の形で癒着したままなのである。

本書でこれまでみてきた反レイシズムの重要性を、ここで改めて確認しておきたい。その社会の反レイシズム規範がどれほどレイシズムを規制できるか次第で、レイシズムとナショナリズムの節合のあり方は規制しうるのである。第四章で見た通りスリーゲートモデルのような移民政策がつくられるか、国民／非国民を選別して後者を追放する入管法の社会防衛論がまかりとおる一九五二体制が崩れない社会になるのかは、反レイシズムのあり方によるのである。

欧米のようにナショナリズムとレイシズムの癒着を歴史的に切り離すにはどうすればよいのか。人びとの実際の振る舞いを、レイシズムという権力の作動を妨害するような、反レイシズム実践に変えるしかない。社会規範として反レイシズムが常識となるレベルまで、日本市民に差別に反対することが根付かなければならない。

平たく言えば、差別を見たら反対する、という欧米では道徳規範となっている反レイシズム実践を、日本社会も規範化することだ。そしてそのための反レイシズムのシティズンシップ闘争（公民権運動などの）を社会運動として行い、すくなくとも半世紀以上前に欧米で闘い取られた反レイシズム規範を勝ち取らねばならない（第四章の図表7参照）。

そうすれば反レイシズムによって、ナショナリズムとレイシズムを歴史的に切り離すことができる。「日本人＝日系日本人」という国民＝人種の癒着や「単一民族」神話を生み出す諸関係つまり差別に反対しない社会関係に実践的に介入することができるだろう。

本書では反差別ブレーキという差別する自由を否定する社会正義を打ち立てることが決定的に重要だと繰り返し述べている。特に第四章で国・自治体の差別禁止法と社会規範としての反レイシズムを大学や高校などの教育機関や産業・企業・地域社会や各種社会団体などで自治的に規範化していくべきだ。そのためには前章で述べた差別を可視化するヘイトウォッチと第三者介入が極めて重要となる（図表23）。

第三者介入とは英語圏で bystander intervention という。差別行為が加害者と被害者だけでなく周りにいる第三者 bystander（傍観者という意味もある）が傍観＝差別に反対しないことで生じるという理解に立ち、第三者が積極的に差別を止めるよう介入するというムーブメントである。米国やオーストラリアや英国などでは非常に普及しており、大学やNGOが第三者介入のさまざまな方法を解説するガイドブックや動画を作成し、普及させるためのキャンペーンを行っている。

日本では③記録 Document（図表23）が重視される。じつはBLM運動でも記録が威力を発揮し、「警察のレイシズム暴力↓スマホで撮影↓SNS投稿↓拡散・炎上↓ネットニュース化↓全国規模で炎上」という、反レイシズムムーブメントを社会問題化させるうえで極めて重要な役割を果たしている。日本でも二〇二〇年春のクルド人への警察の差別的な職質を記録した動画がツイッター上で炎上したことで社会問題化した。

このように実践的に差別に反対する行動を起こすことが何よりも重要である。そして反レイシズム運動を市民社会がつくってゆかなければならない。

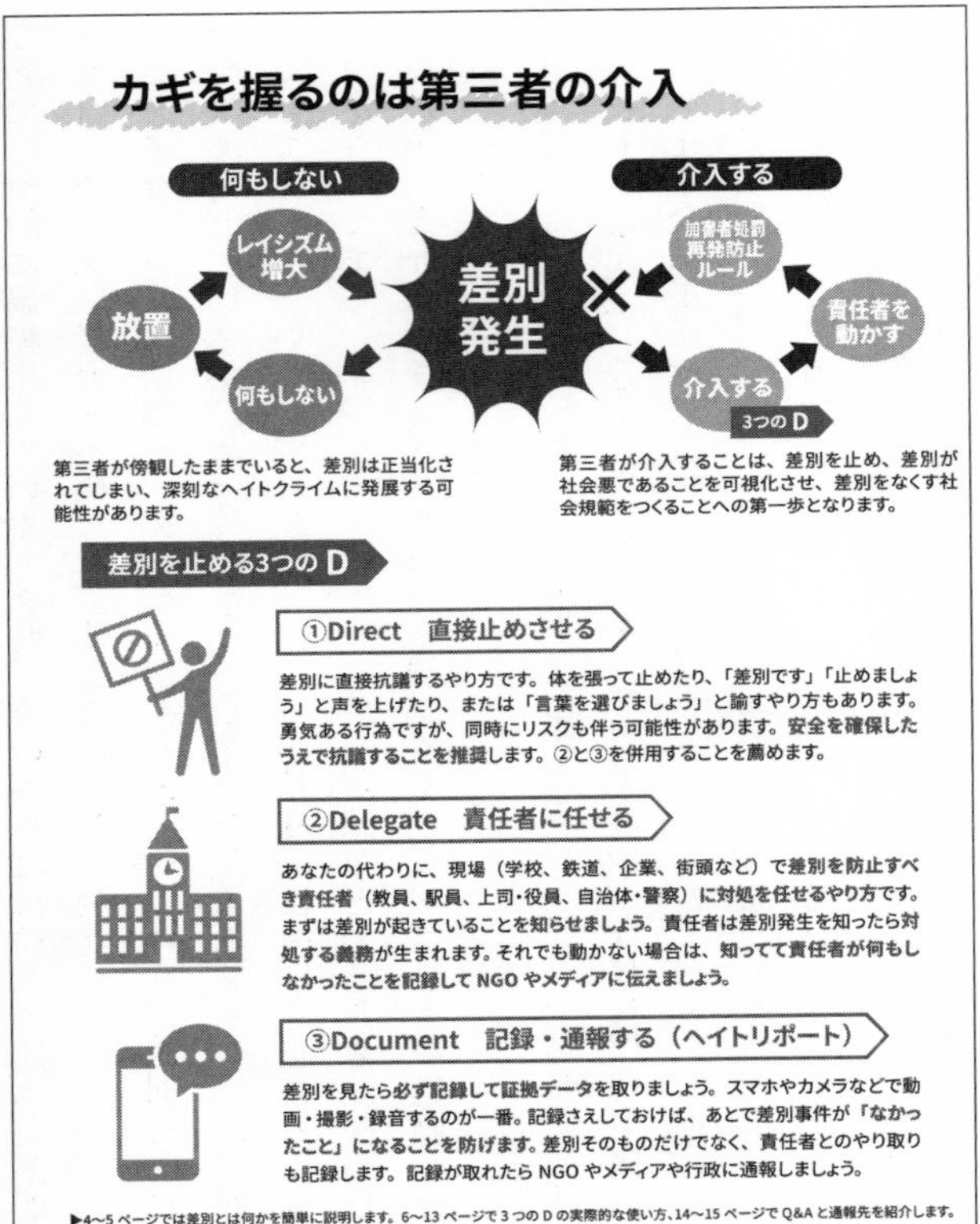

カギを握るのは第三者の介入

何もしない

レイシズム増大

放置

何もしない

差別発生

介入する

加害者処罰 再発防止ルール

責任者を動かす

介入する

3つのD

第三者が傍観したままでいると、差別は正当化されてしまい、深刻なヘイトクライムに発展する可能性があります。

第三者が介入することは、差別を止め、差別が社会悪であることを可視化させ、差別をなくす社会規範をつくることへの第一歩となります。

差別を止める3つのD

①Direct　直接止めさせる

差別に直接抗議するやり方です。体を張って止めたり、「差別です」「止めましょう」と声を上げたり、または「言葉を選びましょう」と諭すやり方もあります。勇気ある行為ですが、同時にリスクも伴う可能性があります。安全を確保したうえで抗議することを推奨します。②と③を併用することを薦めます。

②Delegate　責任者に任せる

あなたの代わりに、現場（学校、鉄道、企業、街頭など）で差別を防止すべき責任者（教員、駅員、上司・役員、自治体・警察）に対処を任せるやり方です。まずは差別が起きていることを知らせましょう。責任者は差別発生を知ったら対処する義務が生まれます。それでも動かない場合は、知ってて責任者が何もしなかったことを記録して NGO やメディアに伝えましょう。

③Document　記録・通報する（ヘイトリポート）

差別を見たら必ず記録して証拠データを取りましょう。スマホやカメラなどで動画・撮影・録音するのが一番。記録さえしておけば、あとで差別事件が「なかったこと」になることを防げます。差別そのものだけでなく、責任者とのやり取りも記録します。記録が取れたら NGO やメディアや行政に通報しましょう。

▶4～5 ページでは差別とは何かを簡単に説明します。6～13 ページで 3 つの D の実際的な使い方、14～15 ページで Q&A と通報先を紹介します。

図表 23　差別を止めるための第三者介入

出典：反レイシズム情報センター（ARIC）「キャンパス・ヘイトウォッチ・ガイドブック」三頁。https://antiracism-info.com/wp-content/uploads/2018/12/ARICCampusHateWatchGuideBook.pdf

そして差別と闘う実践のなかでしか、おそらく日本人＝日系日本人というイデオロギーも、それを生み出すナショナリズムとレイシズムの日本的癒着も、崩れないであろう。

このことは反レイシズム規範をアジアで闘いとるうえでの必要不可欠なワンステップとなる。悪化する日韓関係や歴史否定だけでなく領土紛争をも抱えるアジアでは、日本のみならず朝鮮半島や中国や台湾などでもナショナリズムとレイシズムの節合は危険性をはらんでいる。だからこそネオナチや移民排斥撲滅を共通言語としてきたEUに見習い、アジアの共通言語としての反レイシズムを安全保障の基盤として打ち立てねばならないだろう。

†セクシズムと一体のレイシズム――インターセクショナリティという難問

レイシズムを無くすにはしかし、ナショナリズムとの節合を切り離すだけでは足りない。バリバールはレイシズムが「常に他の差別と絡み合って」いることを強調し、「人種差別はつねに性差別主義を前提」するとした。そのような他の差別との絡み合いは「むしろ相互補完的な排除と支配の歴史的システムを示している」。

私たちはここでインターセクショナリティ（交差性）という問題にぶち当たる。インターセクショナリティとは、現実の歴史の中では従属が、レイシズムやセクシズムなど、常に複数の従属と交差していることを明確にするための概念である。インターセクショナリティの提唱者であり、第四章でみたヘイトスピーチ規制を求めた批判的人権理論を提唱した黒人女性弁護士であるキンバリー・クレンショウはいう。

私は人種とジェンダーが本質的に独立したものであるという支配的な前提に挑戦する。つまり、人種とジェンダーのカテゴリーをそれらの交差点まで辿っていくことで、両カテゴリーを相互排他的あるいは分離可能として見る傾向を究極的には打ち崩しうる方法論を提案したい。[6]

黒人ラップグループ2ライブ・クルーが『思うままに卑猥に』(As Nasty As They Wanna Be)の発表で公然わいせつ罪で起訴されたとき、彼女は「黒人のブラザーたちと連帯し今回のレイシズム攻撃に対抗すべきか、それとも、わたしのような女性に向けられた暴力的なイメージのおぞましい爆発に対抗すべきか」と二つに強く引き裂かれた。彼女は「そうした反応こそが、黒人女性が人種的従属化と性的従属化の交差点に位置していることの帰結であった」と後に確信したと言い、次のように続けている。

私が経験した内部から鋭く分裂させられるような感覚は――「本当の問題」が人種あるいはジェンダーのどちらか一つであるというような考え方への不満もそうかもしれないが――黒人女性という位置に特有のものなのである。ブラック・フェミニズムこそが、そのような経験に対して知的・政治的に応答する鍵である。〔中略〕人種的従属化と性的従属化が相互に強化し合う関係にあり、人種をめぐる政治とジェンダーをめぐる政治の両方によって黒人女性が周縁化されており、そしてそれぞれの従属化の形態にたいする政治的応答は、同時に両方の従属化の形態に対するものでなければならない（……）。

彼女は黒人女性など非白人女性がレイシズムとセクシズムの二重の従属に、特に暴力に苦しめられているにもかかわらず、既存の反レイシズム運動からもフェミニズム運動からも不可視化されている問題を告発した。主流の反レイシズムとフェミニズムが、人種と性の片方にしかアプローチできないことを批判し、オルタナティブを提案するために、暫定的なアプローチとしてインターセクショナリティという概念を提唱したのだった。

これは日本でよくいわれる複合差別のように、民族差別と性差別によって被害が倍加する、ということだけを意味するのではない。クレンショウはインターセクショナリティを①支配の構造的次元（構造的インターセクショナリティ）、②固有の支配システムによって生じる政治（政治的インターセクショナリティ）、③被支配者の表象（表象的インターセクショナリティ）の三つの次元の従属によって成り立つとした。この実践的意義は、2ライブ・クルー事件のように③表象での人種・性の従属の絡み合いが、②政治での従属と、③と②を包括する①物質的・構造的な従属と切り離せないものだと喝破した点にある。

レイシズムやセクシズムはそれぞれ単独で存在するわけではない。バリバールの指摘通り、資本主義の人間を統治する権力の戦略のなかでレイシズムやセクシズムや他の差別は、むしろ互いに切り離すことができないほど絡み合っており、人種や性や性的志向や階級や障害などの無数の従属に縛り付けることで集団としての人間を分断し統治可能にする。

実際にレイシズムとセクシズムの絡み合いは既に述べた事例のほぼすべてに容易に見られる。米国で人種隔離体制が確立される際に役立ったのは、黒人男性が白人女性をレイプする犯罪者だとするステレオタイプだった。これは人種混交への恐怖を掻き立てるレイシズムと同時に、女性の貞操を男性の所有物とするセクシズムによる煽動であり、奴隷である黒人女性を従属させるための白人男性によるレイプの頻発という実践に支えられていた。

だからこそ国連人種差別撤廃委員会が二〇〇〇年に一般的勧告二五「人種差別のジェンダーに関連する側面に関する一般的な性格を有する勧告」ではっきりと「人種差別が、女性にのみに若しくは主として女性に影響を及ぼし、又は男性とは異なる態様で若しくは異なる程度で女性に影響を及ぼすという状況が存在する」と指摘しているのである。

第六章でみた在日朝鮮人へのレイシズム暴力もまたセクシズムと一体であった。朝高生襲撃事件でもっぱら狙われたのが男性で、チマチョゴリ事件では女性だったことは、セクシズムによって暴力が編成されたからだ。国士舘の極右によるマチズモとミソジニーが「女を殴る男は恥だ」という価値観を内面化していることと、庶民が自然発生的にレイシズム暴力を振るう場合により弱くしかも「チョゴリ」という識別可能な制服を着用した女性が狙われやすかったことは、全く矛盾しない。SNSでのヘイトスピーチの被害がとりわけ民族的マイノリティの女性の間で最も深刻であることはレイシズムとセクシズムのインターセクショナリティのあり方をこれ以上なく示す。

日本の戸籍制度ほどレイシズムとセクシズムの絡み合いを体現している制度もないだろう。日本でナショナリズムとレイシズムの節合が見えにくいのは、両者のつながりが近代的日本型家族によって媒介されているからだ。たとえば第五章でみた一九五二年体制がレイシズムであることが見えにくいもう一つの理由は、五二年当時の国籍はく奪が人種差別法ではなく戸籍＝日本型家族を規準にして行われたところにある（日本人男性と結婚した朝鮮人女性は日本国籍のままだったが、朝鮮人男性と結婚した日本人女性の国籍は奪われた）。だが一九五二年体制がレイシズムであることは第五章で解説した通りだ。イエという「自然な家族」形態をとることでレイシズムもセクシズムも隠されてしまうのである。[7]

そもそもレイシズムは近代に登場した時からセクシズムと一体だった。第一章でみたリンネは動物の分類法についてはアリストテレス時代から踏襲されたものを採用したのに、「四足獣類」だけ「哺乳類《ママリア》」に変えたのだが、ロンダ・シービンガーによるとそれは当時の一八世紀のセクシズムと関わる。

医者や政治家が母乳の得を賞揚しはじめた時代思潮と軌を一にして、リンネは母の乳房を尊んだ（リンネは開業医であり、七人の子の父であった）。一八世紀の中・上流階級の女性は乳母をやめるよう推奨され、一七九四年、プロイセンでは、健康な女性は自分で赤ん坊に授乳するよう法律化されるほどだった。リンネは乳母反対運動に関わり合うこととなったのだが、その運動は女性の公的能力を阻み、女性の家庭的役割に新たなる価値を付与する政治的再編につながるものであった。[8]

一八世紀につくられつつあった近代のセクシズム的なジェンダー規範をリンネは博物学に導入したのだった。シービンガーの『植物と帝国』(工作舎)によると、南米の植民地で自生していたランの一種オウコチョウは、現地の先住民や奴隷女性の間で安全かつ手軽に利用できる堕胎薬として用いられていた。リンネの時代にはヨーロッパの植物園でも栽培され、よく知られていたオウコチョウはしかし博物学の中で綺麗な花をつけるランの一種としてのみ記載され、堕胎薬としての薬効は一切記述されなかったのである。これは偶然ではない。というのも、第一章で見た通り、重商主義時代アメリカ植民地では金や資源採掘のため奴隷労働が強制されていたが、あまりの過酷な暴力支配や虐殺そしてヨーロッパが持ち込んだ感染症のため先住民の人口が急減していた。そのため現地の先住民や奴隷女性が自らの生殖をコントロールする知を、ヨーロッパの植民者は奪い、それを禁じていたのだ。

注目すべきは、そのようなセクシズム的なあり方はヨーロッパ内の女性に対しても同じだったということだ。イタリアのフェミニストであるシルヴィア・フェデリーチが言うようにペストで人口が激減した中世ヨーロッパでは、むしろ労働力人口の激減によって賃金が上昇したため、資本家階級が労働者階級をむりやり賃労働者にするための本源的蓄積に乗り出していた。そのため女性の生殖のコントロールとセクシズムの導入による再生産労働の女性への押しつけが必要だった。急減した人口を回復させるため、堕胎が罪であることを徹底的に普及し、安全な堕胎の方法など女性の生殖に関する知を有していた女性を「魔女」だとして虐殺する「魔女狩り」が吹き荒れた。[9]

第一章で見た通りレイシズムは資本主義の成立に決定的な役割を果たした。マルクスは『資本論』で資本主義の勃興期にレイシズムが果たした役割を指摘している。

アメリカの金銀産地の発見、原住民の絶滅と奴隷化と鉱山への閉じ込め、東インドの征服と略奪との開始、アフリカの産業的黒人狩猟場への転化、これらのできごとは資本主義的生産の時代の曙光を特徴づけている。このような牧歌的な過程が本源的蓄積の主要契機なのである。[10]

フェデリーチはこれに賛同すると同時に、マルクスが資本主義成立に決定的役割を果たした一七〜一八世紀の「大魔女狩り」を見落としていると批判した。それは中世キリスト教の迷信・狂信によるものでは片づけられない。女性全般へのテロリズムを通じて女性の生殖の管理権を奪い、売買春などの差別的文化の導入などによって男性と女性を分断、女性を再生産労働（家庭）に縛り付けるという歴史的役割を果たした。自発的に賃労働を行う（男性）労働者が誕生することができたのは、この歴史的セクシズムがあってのことだった（彼女は生権力を分析するフーコーも同様にこの魔女狩りについて軽視していると批判し、生権力の登場をフーコーがいう一九世紀よりも古い一七世紀にみている）。

つまり啓蒙主義的な発想のもと、時代的制約として差別もあったけれど、他方では中世キリスト教的世界の下で闇に包まれた「真理」が、偉大な科学者の努力によって光の下に引きずり出されたという認識は誤りだ。リンネの博物学は最初から世界システム初期の重商主義戦略に結びついた、金を獲得するうえで有用な使用価値をリストアップし、外見で容易に識別できる自然の実用的分類法だった。前近代の共同体内で培われてきた持続可能な再生産の知や、女性が安全に生殖をコントロールするための薬・技術・文化・知などが植民地支配や魔女狩りなどの本源的蓄積によって破壊され、それらの知は「迷信」や「野蛮」として近代科学からは体系的に排除され、その多くは永遠に失われた。それら知には自然と人間の物質代謝を再建する上で利用しうる智恵が多く含まれていたであろう。

もはやレイシズムを克服するには、レイシズムにだけ反対する反レイシズムでは全く足りない。その逆に性、人種、階級などの複数の従属を同時に直接反対しうる、レイシズム、セクシズム、階級差別などを必然にする独特の資本主義の差別システムを変革するような反レイシズムでなければならないのである。

資本主義とレイシズム

資本主義はレイシズムとどのような関係にあるのか。本章にとって重要な三つの側面がある。①レイシズムを途方もなく強化させる。②反レイシズムを骨抜きにする。③差別によって社会的連帯を壊す。

①資本主義はレイシズムを途方もなく強化させる

このことは米国で二〇二〇年五月二五日のジョージ・フロイド殺害事件を機に全米のみならず世界中に燃えひろがったブラック・ライブズ・マター（BLM）運動が提起してい

る問題そのものといってよい。今日のBLM運動の爆発を事実上予言していた二〇一六年の『#ブラック・ライブズ・マターから黒人解放へ』[11]を書いた気鋭の黒人女性フェミニストであるキアンガ＝ヤマッタ・テイラーは、米国の警察が黒人に対して「殺人の許可を与えられていると言っても過言ではない」と断言している。そして問題はそれが監獄ビジネスと呼ばれる産獄複合体に結びついた必然的なレイシズム暴力だとしているところだ。

米国は世界の人口のおよそ五％を占めるが、世界の刑務所人口の約二五％を占めている。さらに黒人が白人の六倍投獄され、一〇〇万人以上の黒人が囚人である。なぜここまで黒人の囚人が多いのか。二〇一四年にBLM運動が爆発したミズーリ州ファーガソンの実態について彼女は「黒人の抗議者たち」が「市長と市議会が指揮するファーガソン警察が、町の主要な収入源として黒人人口を標的にしていたことを明らかにした」と述べている。

黒人世帯には、罰金、手数料、違反金、〈交通違反〉切符、逮捕者があふれ、その収入は町の第二の収入源となるほどであった。自動車の交通違反に起因する裁判所の罰金は収入の二一％を占め、「時間外労働を含まない警察官の給与の八一％以上に相当する」とされている。自動車の交通違反切符への支払いや裁判所への出頭ができないと、すぐに逮捕状が発行される。市の当局者間の電子メールではそれ以上のことを公然と求めていた。二〇一三年三月、財務部長は市政担当者に「訴訟費用（による収入）は約七・五％上昇すると予想される。私は署長に警察署が〔上昇率〕一〇％を達成できると思うかどうか尋ねたが、彼はやってみると答えた」とメールした。

テイラーは「車両停止〔交通違反車両を停止し職質を行う〕の九五％が黒人の運転手を狙ったものだった。司法省の報告書によると、「ファーガソンの法執行機関の慣行は、人種的偏見によって直接形作られ、永続している」。ファーガソンの黒人は、警察のほぼ完全な支配下で生活していた」と指摘している。このように逮捕すればするほど、囚人を増やせば増やすほど、儲ける監獄関連企業があり、税収を増やせる行政がある。これら経済的差別アクセルがレイシズムを途方もなく増大させ、黒人を監獄や死に追いやっている。結果はファーガソンにおける黒人男性の激減であった。

米国国勢調査局によると、ファーガソンに住む二五歳から三四歳までのアフリカ系アメリカ人女性は一一八二人であるのに対し、この年齢層のアフリカ系アメリカ人男性は五七七人しかいない。ファーガソンの二〇〜二四歳と三五〜五四歳の黒人男性の四〇%以上が行方不明である。／このことはファーガソンだけではない。米国全土では一五〇万人の黒人男性が「行方不明」になっている。

BLM運動が画期的だったのは、単なるレイシズムへの反対だけでもなく、従来の公民権運動が——特に旧公民権運動のスターと目され、旧オバマ政権とも近いエスタブリッシュメントと化した——触れようとしなかった警察のレイシズム暴力に対抗しただけでもなく、このようなレイシズムを生み出す資本主義のシステムを批判した点にあったのである。

彼女はファーガソンの運動が「アフリカ系アメリカ人への警察の取り締まり《ポリシング》が、手数料や罰金や逮捕状の網——これは黒人の人びとを永遠に抜け出せない負債のサイクルに陥れる——を通して、黒人コミュニティの貧困と失業のレベルの高さに直結していることを示すことで、より広い視野を受け入れた人々の正当性を証明した」としている。

かつての黒人奴隷制や植民地支配だけでなく、二一世紀の警察や監獄といった国家暴力でもまた資本主義によってレイシズムが途方もなく強化されている。なぜ資本主義はレイシズムを強化させるのか。人間を不平等に扱う差別と、剰余価値の生産を目的とする資本主義的生産様式とが、極めて相性がよいからだ。マルクスの『資本論』にも有名な次のような文章がある。

> 綿工業はイングランドには児童奴隷制を持ちこんだが、それは同時に、以前は多かれ少なかれ家父長的だった合衆国の奴隷経済を、商業的搾取制度に転化させるための原動力をも与えた。一般に、ヨーロッパにおける賃金労働者の隠された奴隷制は、新世界での文句なしの奴隷制を踏み台として必要としたのである。[12]

ウォーラーステインは資本主義が発展すると差別がなくなってゆくという進歩史観的な発想（マルクス主義を含む）を批判し、むしろ世界システムでは差別が強化されていくとした。だがマルクスはすでに資本主義が差別を再編し激化させるメカニズムを批判していたのである。

> その生産がまだ奴隷労働や夫役などというより低い形態で行われている諸民族が、資本主義的生産様式の支配する世界市場に引き込まれ、世界市場が彼らの生産物の外国への

販売を主要な関心事にまで発達させるようになれば、そこでは奴隷制や農奴制などの野蛮な残虐の上に過度労働の文明化された残虐が接ぎ木されるのである。[13]

前近代では生産の目的が使用価値だったが、近代の資本主義では生産の目的が剰余価値となる。これが歴史上初めて際限のない長時間労働を強いるアクセルとなる。奴隷制の残虐さ（身分制や奴隷制）が、資本の残虐さ（剰余価値獲得のためならどんなに過酷な搾取も辞さない）と結びつくことで、後者が搾取のため前者を再編し強化する。だから黒人奴隷制が資本主義に包摂されると、黒人の生命をわずか七年で消費しつくすほど過酷な労働をさせることが、当時経営戦略上の合理的な計算として現われたのである。

この不平等な資本主義経済を再生産する上で、レイシズムがみごとに役割を果たしていることもわかるだろう。国境・国籍によって人間を分断すること、殺すべき人種をつくりだして国家の名のもとに死を強いることは、資本主義にとって必要不可欠なのである。

②資本主義は反レイシズムを骨抜きにする。反差別の原理である平等を簒奪する

それだけでない。反差別が依拠する平等さえ、市場原理の平等に乗っ取られ、気づかないうちに抵抗できなくなってしまう。

レイシズムの定義を本書ではグループに対する不平等な効果だとした。ところで「不平等」とは何だろうか。それは「平等」の反対物である以上、「平等とは何か」という定義による。だがこの「平等とは何か」という定義や規準が、知らぬ間に資本主義によって歪められてしまうのである。

実はマルクスは資本主義社会では「自由および平等そのものが折あるごとにそれらの反対物に転変する」と指摘していた(マルクス『資本論草稿集③』原著六一頁)。

資本主義では生産の目的が剰余価値であり、賃労働の結果は不平等な搾取である。だが賃労働はそれにもかかわらず自由で平等なものとして現われる。なぜなら賃労働は生産の前に、かならず市場での資本と労働力の交換(契約)を伴うからだ。佐々木隆治は「物象化された関係が必然的に生み出す近代的所有の原則に従うかぎり、資本家はなんの正当性も失うことなく他人労働を搾取し、取得することが可能」だと指摘する(『マルクス　資本

論』KADOKAWA、四六三頁)。

これは資本主義社会で差別と反差別を考える上で決定的に重要である。なぜなら資本主義社会で生まれ、生きている私たちには市場で行われる商品交換は自由で平等なものとして現われるからだ。だがその市場の自由と平等を資本と労働力の交換に「適用」し続けることこそが、不自由かつ不平等な賃労働を再生産し続けている。資本主義の自由と平等こそ、正反対の不自由・不平等を生み出す。これが先のマルクスが指摘した「隠された(賃金)奴隷制」を支えているのだ。

このように資本主義社会によって生み出された自由・平等を自然で当然なものであるかのように錯覚するようになる。これこそ資本主義社会で差別を正当化すると同時に、差別に反対することを極度に困難なことにする。つまり社会的に白人と黒人の間にある差別が不平等だという社会正義としての平等ではなく、市場での競争原理といった形式的な平等だけが真の平等だという定義を採用すれば、レイシズムはほとんどみえなくなってしまう。

そのうち最も恐ろしい結果を生むのが新自由主義による平等の簒奪だ。新自由主義経済学者のミルトン・フリードマンは市場原理の平等を論拠に差別禁止法さえ否定する。

公正雇用慣行法では、もしも他の分野で適用したなら同法の支持者でさえ身震いするような原則が容認されている。「皮膚の色や人種や宗教を理由に雇用で差別してはいけない」と州法で定めるのが妥当だと言うなら、「皮膚の色や人種や宗教を理由に雇用で差別しなければならない」と定めるのも、過半数の賛成を得ていれば妥当だということになる。ヒトラーのニュルンベルク法（ドイツ人の血と尊厳の保護のための法律）も、黒人の法的権利を制限する南部諸州の法律も、公正雇用慣行法と基本理念は同じなのである。だから、公正雇用慣行法には賛成だがニュルンベルク法や南部の法律には反対だという人は、その根拠として基本理念がまちがっていると主張することはできないし、そうした国家の行為は許されないと主張することもできない。……できるのは、価値基準が穏当ではない、ドイツ人の血と尊厳ではなく別の価値基準を採用せよと説得できることぐらいである。[14]

市場原理の平等からすれば、ナチのニュルンベルク法であろうと差別禁止法であろうと、「人種」に関して規制しようとする法律として同じ「不平等」なのである。

また形式的差別禁止法さえ否定するフリードマンよりも穏健な別の新自由主義経済学者

のゲーリー・ベッカーは第二章で説明したアファーマティブアクションを否定しながら差別を市場によって定義する。差別とは市場で「偏見を満足させるために利益や賃金や所得を自発的に放棄することによって成立する」という。そのため「もし企業があるグループの人たちを雇わないという選択をしても、よりコストの少ない、より生産性の高い他の人たちを雇うことが収益増加をもたらすものであるなら、その企業の決定は差別的ではない」とさえ言う。[15]

差別とはもはや私たちがイメージする不平等のことではない。自分の偏見を満たすためにあえて経済的なマイナスを選択することが差別の定義である。逆に言えば差別であるように見えても、それでも経済的なプラスがある場合、それは差別ではないとされる。私たちにとって機会の平等より結果の平等の是正が重要なはずだ。しかし平等を市場原理に簒奪されると、機会の平等だけが平等となり、結果の平等を求めるいかなる取り組みも不正な「差別」「特権」となる。つまり社会権的なものほど、あるいはアファーマティブアクション的なものほど、市場での競争に反する「特権」や「差別」として現れる。実際に米国で公民権運動以後、ニクソン政権以後に目論まれたバックラッシュはアファーマティブアクションを「逆差別」として糾弾するものだったが、これらの戦略はまさしく新自由主義的な市場原理によってあらゆる平等を置き換える簒奪作戦だったのである。このことはハイエクの、「しかし一般性と平等性以外に、公正という形式的な規準があるかどうかは、疑わしい」[16]という発言がよく表現している。法の一般性・平等性以外の平等性は「特権」「差別」なのである。

キアンガ＝ヤマッタ・テイラーはニクソン政権がカラー・ブラインドネスというイデオロギーを極めて戦略的に用いたことを強調している。ニクソンは平等についても正面から簒奪しにかかった。一九七一年に彼は住宅政策に関する声明で次のようにカラー・ブラインドネス戦略を語っている。

自由には二つの本質的な要素がある――選択する権利と選択する能力だ。……同様に、「開かれた」社会とは、開かれた選択肢の一つであり、個人がこれらの選択肢を利用するための可動性《モビリティ》を持っている社会である。

彼は開かれた社会は「完全に統合されている必要もない」と言い切った。これは差別を撤廃することをもはや政策の目的とはしない、ということである。そうではなく差別は市場での自由な選択を通じて解消されるであろう、と。

繰り返しになるがもちろん差別をなくすには機会の平等だけでなく、結果の平等の是正が必要だ。そのため法・政策上は一方では自由権だけでなく社会権が、他方ではアファーマティブアクションが正当化される。ところがカラー・ブラインドネスは、結果の平等を是正すべきところに、機会の平等だけが問題であるかのように錯覚させる。実際には恐ろしい不平等が人種ごとに拡大しつつある米国で、人種を度外視する態度は一見平等のようにみえるが、逆にレイシズムという不平等を覆い隠す。

つまり統計上マイノリティが所得や学歴で差別があったとしても、それはレイシズムのせいではなく、平等な市場で競争した結果だと正当化されるのである。この市場の論理とレイシズムが結びつくことで、レイシズムは途方もなく強化されてしまう。

この市場原理や統計を用いる新自由主義的レイシズムは、生物学的なレイシズムとも実は親和的である。たとえば一九九四年には、米国の極右シンクタンクで研究員として働いていたチャールズ・マーレーはリチャード・ハーンスタインと共著で八〇〇頁の大著『ベル・カーブ（正規分布曲線）』を書き、IQの数値を統計的に解析した結果、黒人より白人の知性が優れていることを証明しようとした。もちろんグールドが『人間の測りまちがい』で批判した通り、IQテストで知能が測定できると考えること自体間違っているだけでなく、同著から言えるのはあくまでもテスト結果の平均が白人と黒人とで異なるだけでそれが人種ごとの知能の差異の証明などではありえない。

マーレーが右のレイシズムを用いて、アファーマティブアクションや貧困家庭への教育援助削減を提案する新自由主義改革を訴えていたように、科学的レイシズムが否定された欧米でも人間の「自然性」や統計データを用いて科学的（だと装う）レイシズムは後を絶たない。特に近年ビッグ・データとAIを用いたレイシズムが頻発している。

第二章で説明した制度的レイシズムはこのようなニクソン政権以降の新自由主義的レイシズムの統治戦略のなかで問われたのである。テイラーは第二章で引用した（六三頁）共和党戦略家のリー・アトウォーターの発言を批判しているが、いまやここでその政治戦略の意義がより一層明確になる。一九五四年にはNワードなど人種を使った人種差別を武器に出来たが、公民権運動の反レイシズムによって六八年には使えなくなったのだった。重要なことは一九六八年に採用された「バス強制通学」「州の権利」といった犬笛の戦術だ。それはフリードマンのように、黒人の反レイシズムがつくらせた連邦政府の差別禁止政策の正当性を、あたかもナチのニュルンベルク法と同じく国家が「個人の自由」を不当に侵害するものとして扱い、むしろ反差別を攻撃することこそ正義だとする戦術だったのである。

そして一九八一年には犬笛は減税や福祉削減などの経済の話をするだけになった。その戦術は社会に浸透しつつある新自由主義改革を背景に、もはや選挙で抽象的に経済の話をするだけで、市場原理の平等こそ真の平等だという論理によって黒人差別を喚起することを可能とする戦術だったのである。

このような新自由義的レイシズムとシティズンシップ闘争の関係が重要である。反レイシズムのシティズンシップ闘争は第四章でみたように、レイシズムを抑制し、国民国家の壁という制約にぶち当たるにせよ移民政策を国家につくらせるなど移民のシティズンシップを実現させることは可能ではある。バリバールが展望したのは階級闘争と反レイシズムのヘゲモニー闘争であり、それがナショナリズムとレイシズムを切り離す。

しかしその基礎としてシティズンシップ内部の市民的自由vs社会的自由の対立を社会権の側が市場規制によって抑え込むような階級闘争もまた重要であり、それなしには反レイシズムは容易に新自由主義に簒奪されてしまいもするのである。

このことは日本に極めて大きな課題を投げかける。詳しくは前著(『日本型ヘイトスピーチとは何か』）第五章で分析したが、日本社会は欧米のように労働組合が労働市場を規制しうる産業別労組ではなく企業別労組が基礎となった企業社会である。それは「企業の論理である競争原理と労働組合の論理である競争規制の原理とが対抗し合い、結局、企業の競争原理が圧倒している」市民社会のことだ。[17]

この企業の競争原理vs労働組合の競争規制は、先のシティズンシップをめぐる市場の自由と社会権の対立の背景である。欧米では階級闘争のなかで、市場での競争原理こそ平等だとする企業の論理に対して、社会的生存権を保障するため競争を規制する労働組合の論理とが対決し、八時間労働規制や同一（価値）労働同一賃金といった平等の基準を打ち立てることに成功してきた。しかし日本では労組が企業別組合という企業の人事部のような形態をとっているため、労働市場を規制しえず、同一労働同一賃金といった最低限の平等基準さえ存在しない。だからこそ人種差別撤廃条約第五条が義務づける人種・エスニシティ間の「同一労働同一賃金」の実現さえ日本では不可能なのである。マイノリティとマジョリティが平等ではないという以前に、そもそも労働における公正な平等の基準さえ存在しない以上、どのようにして平等を実現できるというのだろうか。

このように企業社会日本では「平等とは何か」という社会規範が、実は最初から市場原理に深く浸食されてしまっているのである。「在日特権」や生活保護受給者へのヘイトスピーチやバッシングが日本で極めて深刻なのは、このように新自由主義の平等に対抗しうる別の平等基準が企業社会にほとんど存在しないためなのだ。本書で分析した日本のレイシズムはこのような新自由主義によって接木され強化されている。

このような新自由主義的レイシズムに対抗するには、まず第四章で述べたレイシズムを全否定する正義を打ち立てることが必要であるが、それだけでは不十分だ。

加えて第二に、法や政策レベルで結果の平等（アファーマティブアクションや社会権的なもの）を闘い取ることだ。第四章の図表7でいう反レイシズム2・0が必要である。

だが第三に、そもそも資本主義では、そのままでは平等が市場原理に蝕まれ簒奪されることを防げないため、とりわけアファーマティブアクションを拡充させる方向は新自由主義の格好の攻撃対象となるため大いに不利である。むしろ重要なことは資本主義を抑制する市場規制や福祉の拡充である。資本主義や市場の抑制という課題を放置して、結果の平等を目指す反レイシズム戦略こそ、米国の公民権運動の旧世代（オバマ政権）が陥った罠であった。ＢＬＭ運動は資本主義との対決を回避した旧世代の反レイシズム運動への批判でもあったのだ。

③資本主義は社会的連帯を壊す

既にインターセクショナリティについてはみたので、資本主義が労働者階級の間でレイシズム・セクシズムによる分断をつくりだすことについては多言を要さないだろう。

だが問題はもっと複雑だ。先に紹介したキアンガ＝ヤマッタ・テイラーは「黒人女性は常に警察や刑事司法制度からの暴力の影響を受けやすいにもかかわらず、組織化や闘争の場では、ほとんどの場合、彼女たちは男性の顔をしていた」と言う。

インターセクショナリティを超えて闘争しようとも、表象の次元で運動は「男の顔」をするような力関係がある。社会運動はアップデートしなければならない。そしてBLMはSNSによって今まで不可視化されてきた黒人女性やセクシュアル・マイノリティを前面に押し出すことに成功した。

その一因は皮肉なことに、先に述べたファーガソンでの監獄ビジネスにある。つまり監獄＝警察の利益追求のためのレイシズム暴力によって若者世代の黒人男性が逮捕や殺害や「行方不明」などによって人口比でみれば異常なほど減少していたからだ。

しかし彼女たちの大活躍は決して男性活動家の減少によるものではない。彼女たちオルガナイザーは「組織化へのアプローチにおいて「インターセクショナル」で」あり、「アフリカ系アメリカ人への抑圧は多次元的で異なる戦線で闘わなければならないという基本的な認識から出発している」という。重要なことは「このようなオルガナイザーの分析的な手腕こそが、「新世代」と「旧世代」の間の緊張の根底にある」という指摘である。

ある意味では、このことは今日の活動家たちがブラック・パワー時代に黒人のラディカルたちが直面した問題と似たような問題に取り組んでいることを示している——つまりアメリカ資本主義における黒人の抑圧の体系的な性格に関する問題と、それが組織化へのアプローチをどのように形成するかという問題に、である。

テイラーは「新世代」が「旧世代」とは政治においてだけでなく、組織化へのアプローチについても対照的であると指摘する。単に女性が主導しているだけでなく、新世代は脱中心化されており、主にソーシャルメディアを通じて運動を組織化しているという。これは旧世代の全米黒人地位向上協会（NAACP）やジェシー・ジャクソンの「Operation

PUSH」のような全国組織とは大きく異なっている。これら旧世代の戦略はテイラーによると、単に男性のリーダーシップの産物であるだけではなく、街頭活動よりも組織内の人脈や関係性を活用することを、あるいは組織内での影響力を得るために街頭での抗議行動を利用することを優先していた古いモデルの産物であるという。

このようにBLMはインターセクショナリティを克服することと資本主義との闘いとを一体化して反レイシズム／反セクシズムを闘っている。これは極めて普遍的な闘争であり、従来の世界の反レイシズム運動や理論を塗り替えるいくつもの画期的な側面をもつ。本書の終わりにそのことについて触れておきたい。

†反レイシズムを超えて——ブラック・ライブズ・マター運動が問うもの

ここまで本書を読んできた読者ならレイシズムを無くすうえで、第四章で述べたような反差別ブレーキをつくる反レイシズムには、とっくに根本的な限界があることに気づいているはずだ。私たちが生きている資本主義というシステムを変えない限り、レイシズムはナショナリズムと結びついて国民国家を支えるし、労働力再生産装置としての家族システムに結びついたセクシズムと根がらみになり、労働者階級を分断し支配する。

だから真に誠実な反レイシズムに取り組んできたアクティビストや知識人は、インターセクショナリティへの取り組みや、資本主義との闘いを避けることなく取り組んだのだ。

このことは二〇二〇年五月以降、米国で燃え広がり全世界に波及したブラック・ライブズ・マター運動(BLM)のなかで直接叫ばれている。BLMは二〇一二年の黒人の高校生の射殺事件がキッカケでSNSの投稿によって生み出され、その後幾多の警察によるレイシズム暴力が起きるたびに再燃し、とりわけ二〇一四年の先に見たファーガソンでの殺害事件によって大きく高揚し、トランプ当選以後よりラディカル化し、新型コロナウイルス蔓延と今回五月のジョージ・フロイド殺害事件によって全米のみならず全世界に燃え広がった。

既にキアンガ＝ヤマッタ・テイラーがBLM運動を分析し、公然と監獄や警察解体論や資本主義批判の要求が掲げられていることを紹介した。BLMでは従来の反レイシズムと異なり、①資本主義批判、②気候正義要求、③インターセクショナリティ、④植民地主義批判、⑤監獄・警察廃止などの革新的要求を伴っている。

これらのことが問われていることは、BLMが決して米国一国での反差別などのために戦っているのではなく、むしろパレスチナや南アはじめ第三世界との連帯をつうじてレイシズムとグローバルに闘ってゆく運動であることをよく示している。

ＢＬＭ運動は半世紀前、かつてカーマイケルが「制度的レイシズム」概念をつかって、反レイシズムが特定の制度解体やイデオロギー廃止のみならず資本主義や植民地主義というシステムの解体へと進むべきだと訴えた時期と同じように、ある歴史の変わり目を画すものとなるだろう。私たちは同時代人として、この運動に触発されつつ、どのように日本であるいはアジアで反レイシズムを闘い取って連帯していくかが問われている。

あとがき

「在日コリアンとして差別について語ってください」――。大学生の頃から反差別運動に関わってきて以来、日本人から何度そう求められてきただろう。マイノリティにしかわからない被害や疎外という「差別の真理」があるから、それをぜひ語ってもらいたい。マイノリティを理解することが差別をなくすことにつながるのだから、というわけだ。

最初は頑張って、自分や学生時代に知り合った様々な在日コリアンの差別・疎外経験を語る努力をしてきた。うまくいったこともあった――実際にその過程を通じて出会えたごくわずかな仲間は今も共に差別と闘っている。だが大半は私たちの話を「消費」するだけだ。数は少ないが真剣に話を聞いてくれた人々でさえ――なかには涙を流して在日の差別に同情してくれた方もいる――その後差別をなくす活動をしたかといえばそうでもない。

いつしか日本人向けに在日コリアンの差別について語るのが苦痛になり、それに自分の心身が耐えられなくなった。あるときを境に、私は差別を語るそれまでの言葉を失った。「差別の深刻な被害」や「マイノリティの苦痛」をこれ以上語る必要がどこにあるのか？

二一世紀のヘイトスピーチ頻発状況下では「見えない」被害者の差別被害を語るまでもなく、誰の目にも「見える」加害者と加害行為が日本全国にあふれている。差別被害を語る必要が一切ないほど差別加害があふれているのに、それでもなおマイノリティに被害を語らせ、マイノリティの歴史を学ぼうとしか主張しないのはなぜだろうか？　それは差別を止めるという市民《シティズン》としての義務を果たす代わりに、被害者と歴史という「反差別の真理」を確認しているだけではないか？　安易に被害者と歴史という真理の規準に依存せず、その手前にある、差別加害を止める正当性と戦術的効果という別の規準を打ち立ててみて、はじめてマイノリティとその歴史を尊重することができるのではないか？

もうこれ以上、マイノリティの被害と歴史を消費してほしくない。

差別被害の深刻さや、マイノリティの疎外や、植民地支配や戦後の日本社会での在日コリアンの歴史について、本書は語らなかった。それは被害やマイノリティを軽視しているからだろうか？　差別の入門書なのに被害者の存在を無視・軽視しているのだろうか？　逆である。マイノリティの疎外や歴史を尊重するからこそ、被害・被害者・マイノリティ・歴史を語る手前の段階で、それらに依存せずとも、マジョリティを含む誰もが取り組める課題がある。差別行為の発展メカニズムを分析するというこの課題に本書は集中した。

その理由は本書に書いた通りだ。私が差別について語れなくなった理由は、けっして個人の問題ではない。在日コリアンが差別について沈黙を強いられているのはヘイトスピーチのせいではない。社会正義としての反差別規範なしにマイノリティを承認しようとする多文化共生や、差別する自由を守りつつ被害者に寄り添おうとする日本型反差別こそ、私たちの絶対的沈黙状況を背後から支える権力関係なのである。日本型反差別は己の正当性を確保するために、マイノリティを「差別の真理」を生む「生産手段」にしてしまう。これこそ当事者に本心から被害を語るよう駆り立てて心身をすり減らすが、反レイシズム規範形成には一向に結びつかないという、権力が仕組んだ恐るべきワナなのである。

私たちは日本型反差別から完全に脱却し、本書で述べた反レイシズム1・0を勝ち取る実践のなかで、私たちはBLMのような資本主義と闘うグローバルな反レイシズム運動と連帯する道を切り拓かねばならない。それができてはじめて私たちはマイノリティの疎外を語り、それを普遍的な社会変革につなげるための言葉を発明してゆくことができるだろう。本書は遠大だが不可避であるこの課題に向けたささやかな一歩である。

本書を苦難のなかでレイシズムを闘う全ての人と、新型コロナウイルス流行下で人々の命と暮らしを守っているエッセンシャルワーカーにささげたい。本書も危機のなか知を守る図書館や書店や出版社のエッセンシャルワーカーの存在なしには成立しなかった。

文責の一切はもちろん私にあるものの、本書は共にレイシズムと闘う反レイシズム情報センター（ARIC）の日々の実践や研究の産物でもある。目の前のレイシズムとどう闘うかという実践的課題を共にする連帯のなかで鍛えられた知に支えられたからこそ本書は書けた。この場を借りて仲間に感謝したい。

本書は激務のなかで編集の労をとってくださった橋本陽介さんがいなければ世に出ることはなかった。最初のうちあわせで「いっそのこと」と「レイシズムとは何か」という大胆なタイトルで書くことを提案してくださった。執筆の遅い私に辛抱強くつきあってくださり、的確な指摘を頂いたことを深く感謝する次第である。

本書にはＪＳＰＳ科研費18J12796の助成を受けた研究成果が反映されている。杉田水脈議員らによって日本軍性奴隷制や戦後補償問題に関する研究への科研費が攻撃を受けるなか、私も一橋大学の大学院で科研費を受給することができたおかげで、この本を出すことができた。感謝したい。同時に、植民地支配によって教育を奪われた祖父母のことや、在日コリアンへの民族教育を教育福祉の対象から外す一九五二年体制のなかで、幼稚園から高校まで私を朝鮮学校に通わせるために私の家族が払った経済的犠牲を考えたとき、複雑な気持ちになる。朝鮮学校の高校や幼保の無償化のみならず民族教育権を日本社会が公認するその日まで、心からの謝意は留保しておきたい。

主要参考文献※順不同、敬称略

エティエンヌ・バリバール、イマニュエル・ウォーラーステイン著、若森章孝、岡田光正、須田文明、奥西達也訳、『人種、国民、階級――「民族」という曖昧なアイデンティティ』唯学書房、二〇一四年
シルヴィア・フェデリーチ著、小田原琳、後藤あゆみ訳『キャリバンと魔女』以文社、二〇一七年
コーネル・ウェスト、クリスタ・ブッシェンドルフ著、秋元由紀訳『コーネル・ウェストが語るブラック・アメリカ――現代を照らし出す6つの魂』白水社、二〇一六年
クリスチャン・ヨプケ著、遠藤乾ほか訳『軽いシティズンシップ――市民、外国人、リベラリズムのゆくえ』岩波書店、二〇一三年
ジョージ・フレドリクソン著、李孝徳訳『人種主義の歴史』みすず書房、二〇〇九年
ミシェル・フーコー著、渡辺守章訳『性の歴史Ⅰ　知への意志』新潮社、一九八六年
ミシェル・フーコー著、石田英敬、小野正嗣訳『社会は防衛しなければならない』筑摩書房、二〇〇七年
ミシェル・ヴィヴィオルカ著、森千香子訳『レイシズムの変貌――グローバル化がまねいた社会の人種化、文化の断片化』明石書店、二〇〇七年
安田浩一『ネットと愛国』講談社、二〇一二年
樋口直人『日本型排外主義――在特会・外国人参政権・東アジア地政学』名古屋大学出版会、二〇一四年
在日朝鮮人の人権を守る会『在日朝鮮人の基本的人権』二月社、一九七七年
中村一成『ルポ京都朝鮮学校襲撃事件』岩波書店、二〇一四年
内海愛子、高橋哲哉、徐京植編『石原都知事「三国人」発言の何が問題なのか』影書房、二〇〇〇年
姜徳相『関東大震災・虐殺の記憶』青丘文化社、二〇〇三年

岡本雅享編『日本の民族差別』明石書店、二〇〇五年
内海愛子、梶村秀樹、鈴木啓介編『朝鮮人差別とことば』明石書店、一九八六年
鄭栄桓『朝鮮独立への隘路——在日朝鮮人の解放五年史』法政大学出版局、二〇一三年
田中宏『在日外国人　第三版——法の壁、心の溝』岩波新書、二〇一三年
梶村秀樹『梶村秀樹著作集第六巻　在日朝鮮人論』明石書店、一九九三年
石田勇治『過去の克服——ヒトラー後のドイツ』白水社、二〇〇二年
前田朗編『いま、なぜヘイト・スピーチなのか』三一書房、二〇一三年
徐京植『在日朝鮮人ってどんなひと?』平凡社、二〇一二年
木下武男『格差社会にいどむユニオン——二一世紀労働運動原論』花伝社、二〇〇七年
今野晴貴、藤田孝典編『闘わなければ社会は壊れる——〈対決と創造〉の労働・福祉運動論』岩波書店、二〇一九年
佐々木隆治『マルクス　資本論』ＫＡＤＯＫＡＷＡ、二〇一八年
梁英聖『日本型ヘイトスピーチとは何か——社会を破壊するレイシズムの登場』影書房、二〇一六年
梁英聖「差別・極右への対抗とメディア・ＮＧＯの社会的責任」（共著『フェイクと憎悪』大月書店、二〇一八年所収）
梁英聖「日本の大学の差別をどのように抑制するか——一橋大学百田尚樹講演会事件を事例として」（『唯物論研究年誌』二三号、大月書店、二〇一八年所収）
Robert Miles, Malcom Brown, "*Racism (2nd edition)*" 2003, Routledge.
Keeanga-Yamahtta Taylor, "*From #BlackLivesMatter to Black Liberation*", 2016, Haymarket Books.
Roger Eatwell, Cas Mudde, "*Western Democracies and the New Extreme Right Challenge*", 2003, Routledge.
Mari J Matsuda, "*Words That Wound: Critical Race Theory, Assaultive Speech, And The First Amendment*", 1993, New York, Routledge.

注

はじめに

1　飯塚真紀子「「できるだけ多くのメキシコ人を撃ちたかった」　米テキサス州銃乱射　ヘイト・クライムが米30都市で増加」ヤフーニュース、二〇一九年八月四日

2　磯直樹「「人種は存在しない、あるのはレイシズムだ」という重要な考え方――遺伝学では「人種」は否定されている」現代ビジネス、二〇二〇年六月二〇日

3　「「日本出身」の表現の裏にある旭天鵬の思い／連載2」「日刊スポーツ」二〇一六年一月二六日

第一章

1　以下の記述はヴィヴィオルカ『レイシズムの変貌』明石書店、やジョージ・フレドリクソン『人種主義の歴史』みすず書房、を参考にした。

2　本来は反セム主義とすべきところだが分かりやすさを考えて反ユダヤ主義とした。

3　ラス・カサス著、染田秀藤訳『インディアスの破壊についての簡潔な報告』岩波書店、三〇頁。ただしラス・カサスは黒人奴隷貿易を擁護し、後にそれを悔いて改めた。フレドリクソン前掲書参照。

4　ウォーラーステイン『史的システムとしての資本主義』岩波書店、一〇三頁

5　フレドリクソン前掲書、二九頁。以下フレドリクソンの引用は同書による。

6　オードリー・スメドリー「北米における人種イデオロギー」竹沢泰子編『人種概念の普遍性を問う』人文書院、一六五頁

7　中條献『歴史のなかの人種』北樹出版、五一頁。以下、中條の引用は同書による。

8　スティーヴン・J・グールド著、鈴木善次、森脇靖子訳『人間の測りまちがい』河出書房新社、三二～三四頁

9 グールド前掲書より重引。三六頁から
10 グールド前掲書初版、四〇～四一頁より重引
11 関根政美『エスニシティの政治社会学』名古屋大学出版会、二二三頁
12 関根前掲書、二三頁
13 グールド前掲書、九四頁
14 Ali Rattansi, "*Racism: A Very Short Introduction*", Oxford, 2007, p 33
15 だから「ヴィーナス」とされた。バーバラ・チェイス＝リボウ『ホッテントット・ヴィーナス――ある物語』法政大学出版局、の訳者井野瀬久美恵「解題」と、グールド『フラミンゴの微笑――進化論の現在』（下）「ホッテントットのヴィーナス」早川書房を参照
16 グールド前掲書
17 グールド前掲書
18 ヴィヴィオルカ前掲書、二八頁
19 世界大百科事典 https://kotobank.jp/word/%E5%84%AA%E7%94%9F%E5%AD%A6-144773
20 米本昇平『遺伝管理社会』弘文堂、一一五頁
21 貴堂嘉之『移民国家アメリカの歴史』岩波新書、一六〇頁
22 ヒトラー著、平野一郎訳『続・わが闘争――生存圏と領土問題』角川文庫

第二章

1 ロバート・マイルズ「レイシズム」（D・トレンハルト編『新しい移民大陸ヨーロッパ』明石書店、第二章。以下、Robert Miles, Malcom Brown, "*Racism (2nd edition)*" 2003, Routledge を参照した。
2 ベネディクト・ルース『レイシズム』講談社学術文庫、一一八頁
3 マイルズ前掲論文

4 ユネスコ、二〇〇一 https://www.hurights.or.jp/archives/durban2001/pdf/against-racism-unesco.pdf（二〇二〇年三月二六日二二時二六分最終アクセス）。なおユネスコの反レイシズム声明については宇城輝人「戦後反レイシズムの起源について」（二〇一五）を参考にした。

5 以下バリバールの引用は「レイシズムの構築」『レイシズム・スタディーズ序説』以文社。フレドリクソンも同じようにナチズムと植民地主義の否定がレイシズムの正当性を失効させた歴史的画期を重視している（前掲書）。

6 ヴィヴィオルカ前掲書、四六頁より重引

7 Martin Baker, "*The New Racism; Conservatives and the Ideology of the Tribe*", Junction Books, London, 1981, p 20、翻訳はマイルズ前掲書一一八〜一一九頁の訳を引用。

8 ポール・ギルロイ『ユニオンジャックに黒はない——人種と国民をめぐる文化政治』月曜社、二一七頁

9 Stokely Carmichael & Charles V. Hamilton. "*Black power: the politics of liberation in America*", Random House, 1967. p 4

10 日本語訳は『コーネルウェストが語るブラック・アメリカ——現代を照らし出す6つの魂』白水社、五〇〜五一頁

11 高史明『レイシズムを解剖する』勁草書房、一四頁

12 BBC「政治家が使う秘密の「犬笛」——隠れた人種差別メッセージとは」二〇一九年八月六日。訳は一部修正。

13 Keeanga-Yamahtta Taylor, "*From #BlackLivesMatter to Black Liberation*", 2016, Haymarket Books.

14 新自由主義的レイシズムについては梁英聖『日本型ヘイトスピーチとは何か』影書房、第五章参照。

15 Robert Miles, Malcom Brown, "*Racism (2nd edition)*" 2003, Routledge

16 以下の記述は酒井隆史『自由論』青土社や萱野稔人『権力の読みかた』青土社などを参考にした。

17 フーコー『社会は防衛しなければならない』筑摩書房、二五三頁。以下フーコーの引用は言及がない限り同書。

18 フーコー『ミシェル・フーコー思考集成IX』筑摩書房、二七頁。次の引用も同じ。

19 ジョージ・フレドリクソン『人種主義の歴史』一六三頁。次の引用も同じ。

第三章

1　このようなピラミッドは米国では「ヘイトのピラミッド」として名誉毀損防止同盟（ＡＤＬ）のサイトをはじめ広く教育で使われている。本書での「レイシズムのピラミッド」は拙著『日本型ヘイトスピーチとは何か――社会を破壊するレイシズムの登場』（影書房）で作成したものを改変した。このような方法はレイシズムを測定する尺度として古くは一九五四年の米国の社会心理学者ゴードン・オルポートの古典『偏見の心理』などでも採用されている（ただしレベル1と2とがそれぞれ「偏見」と「回避」となっている）。

2　ヴィヴィオルカ『レイシズムの変貌』七六頁

3　ゴードン・オルポート著、原谷達夫、野村昭共訳『偏見の心理』培風館、五二頁

4　ヴィヴィオルカ前掲書、八四頁

5　姜徳相『関東大震災・虐殺の記憶』青丘文化社、七四頁

6　籏智広太「「私は日韓ハーフなんだけど……」彼女がいま、カミングアウトした理由」（バズフィード、最後の更新二〇一九年一〇月二一日、公開二〇一九年一〇月一一日）

7　梁前掲書、九八～一〇七頁

8　関東大震災六十周年朝鮮人犠牲者調査追悼事業実行委員会編『かくされていた歴史　増補保存版』六一頁。

9　"Trump Words Linked to More Hate Crime? Some Experts Think So" *Associated Press*, Aug. 8, 2019

10　梁英聖「差別・極右への対抗とメディア・ＮＧＯの社会的責任」『フェイクと憎悪』大月書店

11　当時機動隊の差別発言が高江での新基地建設反対運動の弾圧のなかでどのようにして起こったのかについては目取真俊『ヤンバルの深き森と海より』影書房、参照。

12　ヴィヴィオルカ前掲書、八四～八五頁

13　「「ゲイが大統領になる国でない」民主新星への発言に波紋」「朝日新聞」二〇二〇年二月一六日

14　グラムシの引用は、明石英人「労働と思想⑥グラムシ」『ＰＯＳＳＥ』6号より。以下の記述はこの論文を参考

にした。

15　古賀光男「欧州における右翼ポピュリズム政党の台頭」、山崎望編『奇妙なナショナリズムの時代』岩波書店、一四〇頁。なお極右と区別される右翼ポピュリズムは次章でみる極右規制の反レイシズムに対応する高等戦術だ。反レイシズムのない日本では両者の区別はあいまいだ。本書は極右を本質的な主体としてはみない。レイシズムの権力がそれをどのように生み出すか、その極右がどのような差別煽動効果をもたらすかに着目する。

16　明石英人前掲論文、一一一〜二頁

第四章

1　岡本雅享編『日本の民族差別』明石書店、一七〜一八頁

2　Jaap van Donselaar, "Patterns of response to the extreme right in Western Europe" (Merkl, Peter H, Weinberg, Leonard, "*Right-wing extremism in the twenty-first century*", Frank Cass, London, 2003所収)、及びRoger Eatwell, Cas Mudde, "*Western Democracies and the New Extreme Right Challenge*", Routledge, 2003を参考にした。

3　二〇一六年に成立したヘイトスピーチ解消法は近年の反ヘイトスピーチ運動の成果ではあるが次の理由から、欧米が半世紀以上前に成立させた基本的な差別禁止法に類する反レイシズム1・0には程遠いため本書では日本が未だ「反レイシズムゼロ」(A)にいると考える。①人種差別撤廃条約が義務づける包括的差別禁止法でない。②差別を禁止せずヘイトスピーチ対策に特化。③「本邦外出身者」へのものに限定し他のマイノリティを排除。④「適法に居住する者」規定により非正規滞在者へのレイシズムを含む条約違反。『日本型ヘイトスピーチとは何か』影書房、一七頁を参照。

4　梁英聖『日本型ヘイトスピーチとは何か——社会を破壊するレイシズムの登場』第四章を参照。

5　近藤敦『多文化共生と人権——諸外国の「移民」と日本の「外国人」』明石書店、一〇八頁。以下、近藤の引用は同書。

6　村上正直『人種差別撤廃条約と日本』日本評論社、三〜四頁

7　この点については次章にも関わる「レイシズムの近代的形態がどれほど貫徹するかは、国籍や公民権法といった制度的媒介の内容に依存している」という隅田聡一郎「資本主義・国民国家・レイシズム――反レイシズム法の意義と限界」を参照。

8　本節の記述は以下の文献を参考にした。T・H・マーシャル、トム・ボットモア著、岩崎信彦、中村健吾訳『シティズンシップと社会階級――近現代を総括するマニフェスト』法律文化社、クリスチャン・ヨプケ『軽いシティズンシップ――市民、外国人、リベラリズムのゆくえ』岩波書店、ロジャース・ブルベイカー著、佐藤成基、佐々木てる監訳『フランスとドイツの国籍とネーション――国籍形成の比較歴史社会学』明石書店。整理に際してはテッサ・モーリス＝鈴木『辺境から眺める』みすず書房、二〇二頁を参考にした。

9　トーマス・ハンマー著、近藤敦監訳『永住市民と国民国家――定住外国人の政治参加』明石書店

第五章

1　岡本雅享編『日本の民族差別』明石書店、三八頁

2　大沼保昭『単一民族社会の神話を超えて』東信堂、九四頁

3　テッサ・モーリス＝鈴木、伊藤茂訳「冷戦と戦後入管体制の形成」『前夜』三号、所収。

4　梁英聖『日本型ヘイトスピーチとは何か』より引用

5　鄭栄桓『朝鮮独立への隘路』法政大学出版局、五頁

6　以下、小沢有作『在日朝鮮人教育論〈歴史篇〉』亜紀書房、二二四～二二五頁

7　以下、梶村秀樹「在日朝鮮人にとっての国籍・戸籍・家族」『梶村秀樹著作集第六巻』明石書店を参照。

8　梶村秀樹前掲書、二五六頁

9　大沼前掲書。

10　田中宏『在日外国人第三版』岩波書店

11　鄭栄桓前掲書、六頁

12 田中宏前掲書より重引。
13 金東鶴「在日朝鮮人の法的地位・社会的諸問題」、朴鐘鳴編『在日朝鮮人の歴史と文化』明石書店、一五八頁

第六章

1 以下、在日朝鮮人の人権を守る会準備会『在日朝鮮人は理由なしに殺傷されている――在日朝鮮中高生に対する暴行殺傷事件の全ぼう』一九六三年一〇月より。以下、資料中の実名を仮名にした箇所がある。
2 樋口直人『日本型排外主義』名古屋大学出版会
3 小沢有作「民族差別の教育を告発するもの」佐藤勝巳編『在日朝鮮人の諸問題』同成社、所収
4 以下、小沢有作「二つの差別に根ざす暴力」『朝日ジャーナル』一九七三年六月二九日号参照。
5 引用は在日朝鮮人民族教育問題懇談会・在日朝鮮人の人権を守る会共同編集『朝鮮高校生への集団暴行を告発する――在日朝鮮人の民族教育を守るために』一九六六年
6 「朝高生をやっつけろ」『週刊読売』一九七〇年六月一九日号
7 以下は山田昭次「安保体制と「不逞鮮人」像宣伝――朝高生にたいする集団暴行と朝鮮大学校職員不当逮捕事件について」『歴史評論』一九七〇年一〇月号
8 ここでの分析はレイシズムの煽動メカニズムに焦点を当てており、①旧型極右の組織的暴力と比べて②北朝鮮バッシングに煽動されたという点を重視し、「自然発生的暴力型」とした。それにセクシズムが重なって「チマチョゴリ事件」という特殊な暴力が生み出されていると考えられる。本来はジェンダーの観点からより多面的に分析すべきであるところ右のような限定的な分析となっている点に注意されたい。
9 『切られたチマ・チョゴリ――再発防止　事件の根絶をめざして』一九九四年九月二一日、在日朝鮮人・人権セミナーとマスコミ市民発行
10 以下、姜誠『パチンコと兵器とチマチョゴリ――演出された朝鮮半島クライシス』学陽書房
11 樋口直人『日本型排外主義』名古屋大学出版会

12 板垣竜太「朝鮮学校への嫌がらせ裁判に対する意見書」『評論・社会科学』一〇五号、一四九〜一八五頁掲載

13 ARICウェブサイトより。https://antiracism-info.com/database_home/

14 高橋哲哉「否定論の時代」小森陽一、高橋哲哉編『ナショナル・ヒストリーを超えて』東京大学出版会、二一五〜二三〇頁

15 ブライシュ『ヘイトスピーチ』明石書店、一〇六頁

16 デンマークの放送局DRによる「ユダヤ人虐殺を否定する人々――ナチズム擁護派の台頭」高橋哲哉『歴史/修正主義』岩波書店

17 高橋哲哉『戦後責任論』講談社

18 『歴史教科書への疑問』展転社、三一三頁

19 ヘイトスピーチと排外主義に加担しない出版関係者の会編、加藤直樹、神原元、明戸隆浩著『NOヘイト! 出版の製造者責任を考える』ころから

20 籏智広太「韓国旅行中の日本人女児を暴行、犯人が無罪に　デマが再び拡散、差別的なコメントも」バズフィードジャパン、二〇一九年六月八日

第七章

1 ベネディクト・アンダーソン『増補　想像の共同体』NTT出版、二四頁

2 アーネスト・ゲルナー『民族とナショナリズム』岩波書店、一頁

3 ウォーラーステイン、バリバール『人種・国民・階級』八二頁。以下バリバールの引用は同書より。

4 ここでは在日ブラジル人をⒸに入れたが、これは「日系」に着目した限りでⒸに入るだけであって、たとえば非日系のルーツがあったりブラジル出身を「非日系」として人種化された場合はⒷに入るであろう。図表22の目的はあくまでもナショナリズムとレイシズムの強固な癒着を反レイシズムによって切り離すことで「日本人=日系日本人」の国民=人種の独特の癒着を分析するところにしかない。

5 複数のルーツを持つマイノリティの差別については下地ローレンス吉孝『「混血」と「日本人」――ハーフ・ダブル・ミックスの社会史』青土社、を参照。
6 Beyond Racism and Sexcism, *"Words That Wound"*（『傷つける言葉』）（翻訳書が近日刊）。次の引用も同じ。
7 戸籍については遠藤正敬『戸籍と国籍の近現代史』明石書店、日本型家族については牟田和恵『戦略としての家族』新曜社を参照。
8 ロンダ・シービンガー『女性を弄ぶ博物学』工作舎、五三頁
9 フェデリーチ『キャリバンと魔女――資本主義に抗する女性の身体』以文社
10 マルクス『資本論』第一部第二四章、佐々木隆治『マルクス 資本論』KADOKAWA、五三〇頁〜五三一頁
11 未日本語訳、Keeanga-Yamahtta Taylor, *"From #BlackLivesMatter to Black Liberation"*
12 マルクス『資本論』第一部第二五章、植村邦彦『隠された奴隷制』集英社、七頁
13 マルクス『資本論』第一部第八章、佐々木前掲書、二六九頁
14 ミルトン・フリードマン著、村井章子訳『資本主義と自由』日経BP社、二一六頁
15 ゲーリー・S・ベッカー、ギティ・N・ベッカー著、鞍谷雅敏、岡田滋行訳『ベッカー教授の経済学ではこう考える』東洋経済新報社、一一九〜一二〇頁
16 ハイエク『ハイエク全集6 自由の条件Ⅱ』春秋社、一一〇頁
17 木下武男『格差社会にいどむユニオン』花伝社、三四頁

ちくま新書
1528

レイシズムとは何《なに》か

二〇二〇年一一月一〇日　第一刷発行

著者　梁英聖（りゃん・よんそん）

発行者　喜入冬子

発行所　株式会社 筑摩書房
東京都台東区蔵前二―五―三　郵便番号一一一―八七五五
電話番号〇三―五六八七―二六〇一（代表）

装幀者　間村俊一

印刷・製本　株式会社 精興社

ISBN978-4-480-07353-2 C0231

ちくま新書

1242
LGBTを読みとく
——クィア・スタディーズ入門
森山至貴
広まりつつあるLGBTという概念。しかし、それだけでは多様な性は取りこぼされ、マイノリティに対する差別もなくならない。正確な知識を得るための教科書。

1489
障害者差別を問いなおす
荒井裕樹
「差別はいけない」。でも、なぜ「いけない」のかを言葉にする時、そこには独特の難しさがある。その理由を探るため差別されてきた人々の声を拾い上げる一冊。

1190
ふしぎな部落問題
角岡伸彦
もはや差別だけでは語りきれない。部落を特定する膨大なネット情報、過敏になりすぎる運動体、同和対策事業の死角。様々なねじれが発生する共同体の未来を探る。

1440
二重国籍と日本
国籍問題研究会編
旧態依然かつ不透明な国籍法の運用で、国籍を剝奪されたり、無国籍者に陥る悲劇やナショナリズムに絡めたバッシングが発生している。どこに問題があるか。

532
靖国問題
高橋哲哉
戦後六十年を経て、なお問題でありつづける「靖国」を、具体的な歴史の場から見直し、それが「国家」の装置としていかなる役割を担ってきたのかを明らかにする。

893
道徳を問いなおす
——リベラリズムと教育のゆくえ
河野哲也
ひとりで生きることが困難なこの時代、他者と共に生きるための倫理が必要となる。「正義」「善悪」「権利」とは何か？　いま、求められる「道徳」を提言する。

800
コミュニティを問いなおす
——つながり・都市・日本社会の未来
広井良典
高度成長を支えた古い共同体が崩れ、個人の社会的孤立が深刻化する日本。人々の「つながり」をいかに築き直すかが最大の課題だ。幸福な生の基盤を根っこから問う。